A menina que colecionava BORBOLETAS

BRUNA VIEIRA

A menina que colecionava BORBOLETAS

5ª edição
2ª reimpressão

GUTENBERG

Copyright © 2014 Bruna Vieira
Copyright © 2014 Editora Gutenberg

Todos os direitos reservados pela Editora Gutenberg. Nenhuma parte desta publicação poderá ser reproduzida, seja por meios mecânicos, eletrônicos, seja via cópia xerográfica, sem a autorização prévia da Editora.

EDITORA RESPONSÁVEL
Silvia Tocci Masini

ASSISTENTES EDITORIAIS
Carol Christo
Felipe Castilho

REVISÃO
Cecília Martins
Eduardo Soares

PROJETO GRÁFICO E CAPA
Diogo Droschi

ILUSTRAÇÕES
Malena Flores

DIAGRAMAÇÃO
Ricardo Furtado

Dados Internacionais de Catalogação na Publicação (CIP)
(Câmara Brasileira do Livro, SP, Brasil)

Vieira, Bruna
 A menina que colecionava borboletas / Bruna Vieira. -- 5. ed.;
2. reimp. -- Belo Horizonte : Editora Gutenberg, 2015.

 ISBN 978-85-8235-122-2

 1. Literatura juvenil I. Título.

13-13635   CDD-028.5

Índice para catálogo sistemático:
1. Literatura juvenil 028.5

A **GUTENBERG** É UMA EDITORA DO **GRUPO AUTÊNTICA**

São Paulo
Av. Paulista, 2.073,
Conjunto Nacional, Horsa I
23º andar . Conj. 2301 .
Cerqueira César . 01311-940
São Paulo . SP
Tel.: (55 11) 3034 4468

Belo Horizonte
Rua Carlos Turner, 420
Silveira . 31140-520
Belo Horizonte . MG
Tel.: (55 31) 3465 4500

Rio de Janeiro
Rua Debret, 23, sala 401
Centro . 20030-080
Rio de Janeiro . RJ
Tel.: (55 21) 3179 1975

Televendas: 0800 283 13 22
www.editoragutenberg.com.br

Para papai, o do céu e o da terra.
Para mamãe, as duas que a vida me deu.
Para os amigos que se aproximaram nos
últimos meses e me ajudaram a descobrir
o que fazer da vida depois do trabalho.
Para toda a minha família, os Vieiras e os Corrêas,
que mesmo tão distantes continuam fazendo parte
do meu cotidiano, com as melhores lembranças
que alguém poderia ter.
Para todos os caras que me fizeram
continuar acreditando no amor e que
me apresentaram bandas legais.
Para todos os leitores que me fazem
companhia nos dias mais solitários do ano.

Agradecimentos

A todos os profissionais da Editora Gutenberg, por sempre acreditarem no meu trabalho e serem compreensivos com meus prazos e limitações. O mundo dos livros agora é o meu mundo.

A minha editora, Alessandra J. Gelman Ruiz, por enxergar em mim uma grande escritora, quando eu só conseguia ver uma garotinha pedindo socorro. A Tatiane Moraes, por sempre me fazer rir nos lançamentos dos livros pelo Brasil.

A Elaine Vieira, por cuidar tão bem da Zooey enquanto eu tento realizar meus sonhos em São Paulo e também por ter me deixado usar todas as suas maquiagens quando eu ainda não tinha grana pra comprar as minhas.

A Paloma Cordeiro, Ana Paula Buzzo, Ana Júlia Milani, Thayná Guimarães e Ariane Queiroz de Freitas, por serem as melhores amigas e me ouvirem falar dos mesmos caras de sempre. A Ricardo Grandi, Adriana De Biasi e Fábio Utumi, por cuidarem de toda a "parte chata".

A todos os meus amigos do CEFET, por me mostrarem as coisas incríveis que a gente perde quando tem medo do que vão dizer. Queria que vocês coubessem na minha mala.

Sumário

13 Apresentação
17 Corpão
22 Mudando o rumo da própria história
24 O sucesso de cada um
26 O valor das coisas
28 O manual da felicidade
32 É possível ser amiga do ex após o término?
35 Os cinco caras
39 Estamos todos nos adaptando
44 Enquanto valer a pena
46 O futuro que você nunca viu na gente
48 Você estava errado
51 Tudo aquilo que eu nunca te disse
54 Entre os legais e os bonitinhos
58 Dezenove
60 Um errinho
62 O amor da sua vida
64 Os planos que a gente faz (e desfaz)
66 Sardinhas
70 A lista
72 O amor que eu inventei
74 Boa demais para você
76 De madrugada
89 O triste fim do ensino médio
92 All Star vermelho
95 Eu, você e o último dia do ano

100	Sobre ciclos que terminam
102	Ontem não é quase hoje
104	Madrugada
107	O escudo invisível
112	Casquinhas
113	Até
114	Hora certa
116	É que eu te vi no metrô
119	O dia em que eu me apaixonei pela liberdade
122	O assalto
124	Teorias
126	Sou uma garota pra ficar
129	A lição
130	O que é o amor, afinal?
131	O dia em que ouvi minha música predileta pela primeira vez
134	Insônia
136	Sobre não gostar de alguém
138	Quem te perguntou?
140	Tudo o que eu tenho
142	Tudo bem
144	O que traz felicidade?
146	O primeiro dia
148	Borboletas
150	Leia este livro ouvindo

Por favor, não cresça tão rápido.
Cal Lightman, em *Lie To Me*

Apresentação

Estou prestes a completar 20 anos de idade, não sei se isso é muito ou pouco para você. O fato é que ter de começar a enfiar o número 2 ali na frente em todas as fichas de cadastro me fez pensar na vida (como se eu não fizesse isso o tempo todo).

Ontem fui a uma festa na Augusta. Todos os meus amigos são bem mais velhos que eu, estou acostumada, mas era uma festa com música dos anos 90. E nos anos 90 eu ainda era uma criança e não dava importância para música. Outra ótima desculpa é que no interior de Minas essas bandas de rock internacional não fazem tanto sucesso. Meu pai gostava de Alcione, sabe? Aliás, sei cantar a maioria das músicas dela até hoje. Espero muito que um dia eu consiga usar isso a meu favor.

"Essa você conhece né, Bruna?"

Espero até chegar o refrão.

"Não! Essa também não!"

"Mas ela é um clássico do rock!"

"Na época em que ela foi lançada, eu assistia *Teletubbies*. Um clássico também, certo?"

Tenho orgulho de dizer que superei aquela antiga vontade de impressionar as pessoas, então realmente não é um problema admitir que não conheço algo, sejam músicas, autores, lugares, filmes, etc. Depois de certo tempo, a gente finalmente entende que culto mesmo é quem não tem vergonha de reconhecer suas limitações e, claro, tem vontade de sobra de superá-las diariamente.

Foi uma noite divertida! Voltei para casa de táxi e, na esquina do meu prédio, avistei a janela do meu apartamento. Deixei a luz da sala acesa porque, de alguma maneira, isso faz com que eu me sinta mais segura ao chegar em casa sozinha tão tarde. Morar no vigésimo andar tem suas vantagens, mas às vezes o tempo no elevador parece uma eternidade, principalmente quando você quer usar o banheiro. Para adiantar, localizei a chave na bolsa antes de o elevador abrir a porta.

Entrei em casa e tudo estava exatamente como deixei antes de sair. Os livros espalhados na mesa, a louça suja na pia e algumas peças de roupa caídas ao lado do piano. Depois que fui morar sozinha, percebi que meu lado bagunceiro nunca vai me abandonar. Casa limpa e organizada me deixa em paz. E quando eu quero escrever, preciso daquele sentimento de sujeira ao meu redor. Bagunça. Aquela necessidade de colocar as coisas em ordem, primeiro usando palavras – mas talvez um dia eu sinta o mesmo prazer usando a vassoura.

Tirei o tênis branco que já não estava tão branco assim e a jaqueta preta de couro, joguei a bolsa em qualquer lugar e fui em direção ao banheiro. Ufa!

Enquanto lavava minhas mãos, tirava as lentes de contato e colocava, aliviada, os óculos de grau, olhei no reflexo do espelho e me enxerguei, pela primeira vez, como uma mulher adulta. Apesar de ter mechas de todas as cores no cabelo. Apesar de ir a um restaurante chique da Bela Cintra usando tênis com estampa do Super-Homem. Apesar de ter uma porção de pelúcias na minha cama de casal. Apesar de ter acabado de fazer uma tatuagem no pulso junto com a minha melhor amiga. Apesar... Peraí, por que apesar? Apesar é o #@$@%$#.

Com quase 20 anos, entendi que é um erro se anular tanto por alguma coisa, seja para fazer parte de um grupo social, conquistar o coração de alguém, seja simplesmente para ser promovido no trabalho. Ouvi dizer que algumas pessoas só entendem isso no finalzinho da vida, e eu sou privilegiada com a maturidade, pois ainda tenho muito tempo pela frente.

Isso deveria ser incrível, mas, às vezes, é um pouquinho assustador.

Junto com as conquistas, vieram inúmeras responsabilidades. Eu não sou a melhor empresária, escritora ou blogueira que conheço, também não sou uma amiga perfeita, e minha vida amorosa é uma bagunça na maior parte do tempo, mas me contento com a certeza de que tenho dado o meu melhor.

Lidar com tanta coisa ao mesmo tempo me fez enxergar a vida de um jeitinho particular. Eu me tornei mais crítica, observadora, e um pouco solitária também, mas acho que isso é consequência das outras coisas, né? Vamos aprendendo a preservar nosso bem-estar e deixamos nossas reais vontades guiarem nossas escolhas (e companhias também).

Estar no comando da própria vida é uma das melhores sensações que o ser humano consegue experimentar. A melhor, até onde sei, ainda é o amor. Viver as duas coisas ao mesmo tempo não é tão simples quanto parece, como descrevem nos filmes e livros. É raro. Muito raro. Nossa sorte é que tentar também é divertido. Não sei você, mas eu adoro me apaixonar. Pena que acontece só uma ou duas vezes por ano.

Quando estou gostando de alguém, parece que tenho poderes mágicos. Consigo criar histórias, dançar no ritmo da música e tudo ganha um significado especial. Minha pele fica mais bonita, meu senso de humor melhora e eu até tenho ânimo para acordar cedo na segunda-feira e ir à academia... Brincadeirinha!

A verdade é que meu metabolismo já não colabora tanto, então meu quadril cresceu um pouquinho, mas, em compensação, agora me sinto bonita até usando óculos de grau, sem tanta maquiagem ou com rabo de cavalo.

Graças ao Facebook, minha principal ferramenta de trabalho e procrastinação, acompanho de camarote a rotina das pessoas que passaram pela minha vida. Isso inclui, obviamente, toda a turma do ensino médio. No último ano, pelo menos quinze deles se casaram ou tiveram filhos. A frequência desses acontecimentos tão definitivos fez com que eles se tornassem normais para mim e para meus amigos, e isso sim é assustador. Quero dizer, não é porque eu não estou me casando ou pensando em ter filhos tão cedo, sempre priorizei coisas diferentes para mim, mas sim porque não faço mais parte do grupo dos adolescentes e tenho me identificado cada vez mais com minha tia de 40, em vez de com minha prima de 13.

Por fim, sabe qual é a principal vantagem de ainda ter 19 anos? Hoje é sábado, dia seguinte da tal festa dos anos 90, e eu não estou com nem um pouquinho de ressaca. A única do grupo, garanto!

Corpão

Nunca fui a garota mais magra ou a mais gorda da sala. Então, até o ensino médio, pouco me importava a combinação de números exibida na balança. Para falar a verdade, eu só me pesava quando ia fazer alguma coisa na farmácia para a minha mãe, por curiosidade. Eu também não comprava roupas sozinha, então o número do manequim não era uma das minhas maiores preocupações. Se a calça não fechasse ou a blusa ficasse um pouquinho apertada, tudo bem, aquilo só significava que eu estava crescendo.

Quando o corpo das minhas melhores amigas começou a mudar, e quando gostar de um garoto deixou de ser apenas escrever sobre ele no diário, naturalmente comecei a me olhar mais no espelho e a fazer cobranças: por que diabos minha barriga não é retinha como a das outras garotas? Por que meu peito está demorando tanto para crescer? Por que aquela calça estampada fica tão vulgar em mim? Por que nenhum garoto quer me beijar na balada? Adicione tudo isso ao complexo de inferioridade por ter cabelo crespo, precisar usar óculos e ainda ser estrábica.

Ah, como é incrível ser adolescente!

Nunca sofri de bulimia, mas lembro que em um daqueles dias ruins, cheguei a ir ao banheiro, trancar a porta e colocar o outro lado da escova de dente na boca, forçando o vômito. Tinha lido sobre isso na internet e, mesmo sabendo de todos os riscos, achei que conseguiria controlar e, quando estivesse em um peso legal, simplesmente pararia de fazer. Por sorte, ainda na primeira tentativa, tive um baita nojo e nunca mais voltei a fazer.

Lá na casa dos meus pais, a alimentação sempre foi relativamente balanceada. Besteiras só no final de semana, e o combo arroz e feijão era obrigatório durante o almoço. Eu não sou nem um pouquinho fresca para comer. Gosto de couve, abobrinha, carne moída, ovo frito, beterraba, quiabo, alface, almeirão e todas aquelas coisas para as quais a maioria das crianças vira a cara e faz careta. Isso me proporcionou um crescimento bastante saudável, mas não tem como driblar a genética e o nosso metabolismo, não é?

Ah, os exercícios físicos!

Bem, eu nunca fui boa na educação física. Para falar a verdade, detestava já os primeiros minutos, quando ninguém queria me escolher para ser da sua equipe na queimada e principalmente no vôlei. Eu não era tão ruim assim, viu? Só tinha pânico de imaginar a bola batendo direto nos meus óculos; então, independentemente das circunstâncias, fugia dela. Também já fiz aula de dança, natação, ballet, capoeira, jazz, jump e, por último, musculação. Eu até ficava empolgada no começo, mas depois sentia preguiça de continuar e acabava ouvindo minha mãe reclamar por ter gasto grana comprando uniforme e pagando matrícula à toa.

Depois do computador, do primeiro namorado e das avaliações finais complicadíssimas da escola, comecei a priorizar outras coisas na minha vida. Não sentia aquela obrigação de impressionar os outros, sabe? Já havia alguém no mundo que gostava de mim exatamente como eu era, e eu estava ocupada demais para ficar me importando com o que as outras pessoas pensavam. Sem exageros, mas jamais dispensando o hambúrguer do Digão (lanchonete popular lá em Leopoldina) e o pastel assado maravilhoso da Canto Verde (da cantina do meu colégio).

Quando eu vim para São Paulo, minha rotina mudou completamente. Nunca fui boa na cozinha, e o processo de adaptação quando você sai de casa aos 17 anos para ir para tão longe da sua família é complicado. Em alguns dias, eu passava horas sem comer; em outros, comia um monte de besteiras por pura ansiedade. Trabalhando em casa e caminhando poucas quadras até o metrô, é óbvio que o meu peso não continuaria o mesmo, né? Engordei dez quilos em um ano. Nesse meio tempo, muitas coisas aconteceram, e eu já falei sobre a maioria delas no meu blog.

O blog. Os looks do dia.

Existem várias categorias no meu blog *Depois dos Quinze* e, em uma delas, mostro e fotografo as roupas que tenho comprado e usado por aí. Eu me exponho de diversas formas, desde textos sobre sentimentos pessoais até fotos da decoração do meu novo quarto. Isso nunca foi um grande problema para mim, sabe? Compartilhar momentos, conquistas e ideias... Todo mundo tem um jeito diferente de ver e de se projetar no mundo, e acho incrível o interesse das pessoas em acompanhar o que eu faço.

O problema é que nem todo mundo tem boas intenções.

Por sorte, depois de quase quatro anos lidando com leitores de todas as idades e mentalidades, aprendi que para ser feliz é preciso ligar o "foda-se". Não dá para levar a sério absolutamente tudo o que escrevem no campo de comentários. Tentar agradar todo mundo é uma daquelas tarefas que consomem toda a nossa energia e que, no final das contas, quando colocamos a cabeça no travesseiro para dormir e o número de "likes" para de subir, não garantem absolutamente nada. Aplausos não trazem paz de espírito, sabe? Muito pelo contrário, quando você tenta ser alguém que não é só para agradar e isso funciona, a tendência é a cobrança aumentar ainda mais. E não é qualquer uma, viu? É a cobrança interna. A sua própria cobrança. O monstrinho que todo mundo alimenta sem querer quando deixa as pessoas influenciarem suas escolhas e a maneira como leva a vida. Isso vale para tudo: peso, estilo, ideias, orientação sexual, profissão, medos, sonhos, viagens, relacionamentos e por aí vai.

Fico imaginando o que passa na cabeça das pessoas quando, em um dia maravilhoso e ensolarado, elas decidem ir até a foto dos outros nas redes sociais e deixar comentários totalmente destrutivos e desnecessários.

Comigo não, baby.

Inclusive, aí vai um recado para quem faz esse tipo de coisa e ama virar o centro das atenções por alguns minutinhos na internet: se algo incomoda tanto a ponto de fazer você perder tempo da sua vidinha preciosa, vai por mim, tem alguma coisa errada, e não é com quem postou a foto.

Jogue a palavra "terapeuta" + o nome da sua cidade no Google e seja feliz.

Estou vivendo um dos momentos mais incríveis da minha vida, e isso inclui muito trabalho e pouco tempo livre. Mas resolvi me dedicar a este texto porque não é a primeira vez que vejo amigas, conhecidas e até algumas leitoras brigando para me defender nas redes sociais. Aprecio e agradeço o carinho, mas, infelizmente, responder a esse tipo de comentário é fazer exatamente o que essas pessoas querem: dar atenção.

Eu nunca pesei tanto, isso é verdade, mas, ao mesmo tempo, nunca me levei tão a sério nem nunca me senti tão bonita como agora. E eu não estou falando só de amar minhas curvas, viu? Vem de dentro pra fora. Não é sobre aceitar os defeitos, é sobre aceitar as diferenças. Eu não me sinto na obrigação de seguir um determinado padrão porque a maioria das pessoas faz isso, e muito menos porque sou uma formadora de opinião (sim, usaram isso como pretexto para me criticar). Como disse um rapaz que trabalha na Levi's de Nova York e me viu provando um jeans tamanho 42, tenho o legítimo *Brazilian body*. Adoro e acho lindas as meninas do Lookbook, com suas pernas fininhas e coxas que não encostam uma na outra, mas tudo bem eu não ser assim. Não vou me matar com dietas loucas e horas na academia; talvez eu até entre um dia, mas isso não precisa se transformar em um problema.

Comida e bunda grande não é problema, gente. É solução.

Então, vamos sair do 6º ano e colocar as cartas na mesa de uma vez por todas?

Tenho 115 centímetros de quadril, pernas grossas e calço 39. Faço escova progressiva de três em três meses, uso aparelho para arrumar meus dentes, que ainda são meio projetados para a frente por culpa da mamadeira (só abandonei aos 11 anos, hehe), e quando tiro as lentes de contato continuo estrábica. Uso roupas de que gosto e que não necessariamente "valorizam" meu corpo. Adoro farofa com ovo, tenho a maior preguiça de fazer as unhas e de vez em quando choro por me sentir sozinha nesta cidade. Mas ó, na maior parte do tempo sou muitíssimo feliz.

Ah, e no Facebook eu nunca resisto e compartilho todas as fotos de Minions e de cachorros fofinhos. Diz aí, você que se importou e leu até o finalzinho do texto: algum problema?

Mudando o rumo da própria história

Para superar de verdade nossos problemas, precisamos nos reinventar. Mergulhar dentro dos próprios pensamentos e encontrar uma pontinha de esperança que nos faça querer seguir em frente e parar de chamar tanta atenção para algo que, no final das contas, é só nosso. Algo de que – sendo totalmente sincera – estamos é tentando nos livrar já faz um tempo. É mais fácil quando temos alguém por perto, para ouvir umas boas verdades e ter companhia no final de semana, ocupar o tempo ocioso e dar gargalhadas despretensiosas; mas também, se for o caso, garanto a você, não é impossível de se fazer isso sozinho.

Pode parecer meio mórbido, mas em dias assim gosto de me lembrar de alguns dos meus piores momentos. Escuto músicas, vejo fotos, converso com velhos amigos ou simplesmente escrevo. Tipo agora.

Não é sobre se esconder atrás de antigas mágoas. É sobre usá-las como referencial. Às vezes, a gente simplesmente esquece que houve outros dias ruins, sabe? Amadurecer tem um pouco a ver com usar experiências passadas para não cometer novos erros, e, por isso, tudo bem desenterrar o passado só para ter a certeza de que a raiz é forte e que esse vento, uma hora ou outra, vai passar. As estações mudam, independentemente do lugar do mundo em que você está.

Hoje, quando olho para trás, percebo que ninguém neste mundo me conhece mais do que eu mesma. Ou seja, posso ter saído com diversos caras ou feito e desfeito ótimas amizades, mas continuo sendo quem mais lidou com esses malditos medos, inseguranças e manias.

Eles são meus. Eles são eu.

Na primeira vez em que eu achei que fosse morrer de tristeza, meu corpo todo doía muito. Foi pior que qualquer resfriado. Pior que ficar de castigo sem internet ou tirar a casquinha do machucado do joelho sem querer. Na primeira vez em que me disseram adeus, eu quase fui junto, mas aí fui ficando. E o *quase membro do meu corpo* virou um desconhecido, e, de vez em quando, a gente até se cruza na rua. Eu não sinto nada, e isso me deixa feliz, pois significa que, se não der certo depois de um tempo, será sempre assim.

Quanto tempo mesmo?

A verdade é que a vida da gente é curta demais para deixarmos que a transformem em um tribunal e fiquem julgando o que é ou não apropriado. Agir de acordo com as expectativas alheias o tempo todo é mais ou menos como não fazer nada. E se for para não fazer nada, convenhamos, é melhor ficar no sofá o final de semana inteiro assistindo à sua série preferida e comendo besteiras, concorda?

Terminei a terceira temporada de *Lie To Me* ontem.

O sucesso de cada um

Dia desses li uma matéria que falava sobre o anonimato de alguns atores e cantores que eram bem populares na década de 90 – o auge da minha infância. O jornalista escreveu o texto em um tom que me deixou intrigada, talvez por puro sensacionalismo, algo cada vez mais comum nesses portais de notícias, mas acho que de fato algumas pessoas pensam daquele jeito, ou vão passar a pensar depois de lerem a matéria.

Ao descrever as (não mais) celebridades, o autor do texto associou felicidade a fama. Em três ou quatro parágrafos, deu a entender que o anonimato é sinônimo de fracasso e uma vida sem sucesso. Vida sem sucesso?

Fiquei pensando por alguns minutos e cheguei à conclusão de que as pessoas mais felizes que conheci na vida nunca experimentaram o gostinho da fama. Nunca ouviram seu nome ser aclamado por uma multidão nem ganharam um prêmio por serem comercialmente valiosas. Essas pessoas nunca quiseram ser muito ricas ou muito bonitas. Quero dizer, todo mundo quer ter uma grana para fazer as coisas que sonha e para gostar do próprio reflexo no espelho, mas acho que a questão é que isso nunca foi uma prioridade para elas.

Okay. Eu não posso dizer que elas são mais ou menos felizes que as outras pessoas, mas garanto que elas levam a vida de um jeito muito menos complicado. Talvez porque seja mais simples fazer as próprias escolhas quando o universo não faz questão de dar opinião. Ou, pior, quando escrevem uma matéria sobre a forma como você decidiu levar sua própria vida.

É óbvio que a carreira artística tem muito a ver com a aceitação do público e audiência, mas a matéria ironizava as escolhas pessoais. Como se o auge da vida de cada um deles já tivesse passado. E não, gente, não é necessariamente assim. Pelo menos não para todo mundo.

Casar. Mudar para Dublin. Tatuar o corpo todo. Casar com alguém do mesmo sexo. Viajar o mundo todo. Trabalhar no asilo. Virar professor de violão. Adotar um filho. Engordar 20 quilos. Mudar de carreira. Trabalhar como *dogwalker* em Buenos Aires. Cuidar dos pais idosos. Virar manicure no salão da esquina. Fazer investimentos e viver disso para sempre. Escrever livros que ninguém compra. Ter gêmeos com uma desconhecida. Montar um brechó. Viver para a fé e a religião. Criar vacas em uma fazenda no interior…

Tenho certeza de que existem milhares de pessoas que são muito felizes fazendo essas coisas que citei. Não é curioso? Não é incrível? Não é libertador saber que cada pessoa encontra motivo para viver em coisas completamente diferentes? Eu acho.

O valor das coisas

Durante um tempo, mais ou menos um mês, estive em alguns estados para lançar meu segundo livro. Gosto de viajar e de conhecer lugares novos, mas quando vou a trabalho é sempre muito corrido e exaustivo. Principalmente porque fico ansiosa na véspera e não consigo dormir direito. Tenho a péssima mania de deixar tudo para a última hora e acabo só fazendo as malas durante a madrugada que antecede o embarque. É óbvio que isso sempre me faz deixar algo importante para trás ou levar coisas sem necessidade alguma.

Por exemplo, da última vez levei meus óculos de sol preferidos na bolsa. Assim, sem querer. Por que isso é um problema? Não notei que eles estavam lá e coloquei um monte de coisas junto. Resultado? Sim, eles quebraram de um jeito que não dá para consertar. Meleca!

São só óculos, eu sei, mas fiquei chateada, pois aqueles eram do único modelo que combinava com qualquer look e escondia minhas olheiras nos domingos quando vou almoçar sozinha no shopping, e por isso mesmo nunca saíam da minha bolsa. Uns óculos baratinhos, comprados por poucos dólares em alguma *fast fashion* gringa, que infelizmente já devem até ter saído de linha. Na hora, fiquei com raiva de mim, por ser tão descuidada e atrapalhada. Não é a primeira vez que isso acontece, sabe? Semana passada quebrei sem querer meu anel da sorte. Era em forma de borboleta, que, coitada, acabou ficando sem asas quando acidentalmente caiu do vigésimo andar. Mais uma vez, admito, a culpa foi toda minha.

Pode parecer besteira, mas tudo isso me fez pensar no valor e na importância que dou para certas coisas na minha vida. É uma analogia besta, mas acho que não acontece só comigo. Quando algo de que gostamos está sempre à nossa disposição, acabamos nos acostumando com isso e, por comodidade, nos esquecemos de demonstrar o quanto aquilo é importante e de tomar o cuidado necessário. A desvantagem de ser assim, tão distraídos, é que só nos damos conta – *quando* nos damos conta – de que algo era importante no momento em que o perdemos de vez. Isso vale para objetos, mas também para momentos e pessoas importantes.

Sabe aquela história clichê em que a garota só se dá conta do quanto o amigo é especial quando ele se apaixona por outra garota do colégio? Ou quando ela para de investir em um relacionamento porque o cara já está apaixonado e semanas depois ele aparece dizendo que quer terminar ou dar um tempo? É sempre assim. Não existem garantias ou promessas que durem para sempre. Precisamos continuar lutando por aquilo em que acreditamos. Já dizia o Pequeno Príncipe: "Tu te tornas eternamente responsável por aquilo que cativas".

Pare pra pensar um pouquinho e, sempre que der, se coloque no lugar do outro. A vida de todo mundo tem sido corrida, cheia de problemas e neuras que ninguém entenderia, mas ainda vale a pena valorizar e separar um tempo para o que realmente nos faz feliz – e não apenas para aquilo que achamos que nos faz ou que um dia nos fez. Um objeto, um diálogo ou uma atitude que surpreenda – para quem realmente se importa, os detalhes fazem toda diferença.

O manual da felicidade

Conheça o mundo. Não necessariamente em uma viagem. Às vezes, o que a gente precisa mesmo é olhar tudo de uma perspectiva diferente. Aqueles pequenos problemas que fazem as coisas parecerem uma droga no final do dia, aqueles que a gente não tem coragem de admitir para ninguém, podem ser apenas nossa consciência exigindo um pouquinho mais da gente. Não do passado, nem do futuro. De agora. Tudo é muito relativo. Seu próximo sorriso só precisa de um novo referencial.

Não guarde rancor. Nada acontece por acaso. Precisamos aprender a tirar boas lições até das piores experiências. Os sentimentos negativos, quando acumulados dentro da gente, contaminam todo o resto. Paramos de prestar atenção e de ver graça nas coisas mais simples quando passamos o dia todo tentando resolver os antigos problemas de sempre. Exigir que o mundo seja exatamente como planejamos o tempo todo é egoísta, e o orgulho só serve para te tornar uma pessoa mais solitária.

Seja amável. Até mesmo com as pessoas que não podem fazer nada por você. Na verdade, elas sempre podem. Cada pessoa que conhecemos durante a vida nos transforma de uma maneira diferente. Geralmente só descobrimos isso quando elas não estão mais por perto.

Sempre que der, substitua a palavra "problema" por "desafio".

Não seja tão crítico. Com você e também com as pessoas ao seu redor. Ninguém quer saber a sua opinião sobre a maneira como fulano toca a vida. Você não é a pior pessoa do mundo. Nem quando sente ódio, ciúmes ou inveja. Nem quando diz algo completamente diferente do que está pensando. Somos todos seres humanos, e esses sentimentos fazem parte da nossa existência. O que nos diferencia no final das contas é a maneira como lidamos com cada um deles.

Não viva uma vida inteira tentando ser melhor do que alguém. Quando todas as nossas escolhas se tornam consequências dessa tal competição mental, conquistar sonhos se torna uma obrigação. Não existe uma convenção para a felicidade. O que é bom para ele pode ser uma droga para você. E vice-versa.

A vida das pessoas não é tão interessante quanto parece ser na internet. Nossa geração vive uma superexposição que faz com que tenhamos certa tendência à frustração. O Facebook do vizinho é sempre mais interessante e movimentado que o nosso. Pois, saiba você, isso não quer dizer absolutamente nada. As pessoas mais legais e reais que conheço não dão a mínima para tudo isso.

Não seja aquela pessoa que sempre desmarca tudo. Agenda lotada e preguiça aguda não são exclusividades sua. A vida está muito corrida, isso é fato, mas arrume um tempinho para conversar com as pessoas que ainda se importam. Poucas coisas são tão divertidas quanto desabafar, rir de besteiras e relembrar, em uma mesa de bar ou no meio de uma comédia romântica, os bons e velhos tempos.

Tenha uma rotina física e mental saudável. Beba bastante água, tire a maquiagem antes de deitar e, nos finais de semana, durma o número de horas que faltaram. Não cultive rituais de sofrimento só para saber se ainda dói. A dor pode preencher espaços, mas cultivá-la é como construir muros em volta de si mesmo. Por fim, acomode-se agora mesmo. Na poltrona do sofá. Não na vida.

Depois que você vê o fim <u>tantas vezes</u> começar <u>se torna</u> *um tanto mais difícil.*

É possível ser amiga do ex após o término?

Passamos a maior parte da nossa vida esperando o amor dar as caras. Abrimos a janela, destrancamos a porta e colocamos na mesa todas as nossas expectativas. Não importa quantas vezes já aconteceu antes. Quando o assunto em questão é o amor, somos sempre um pouco ingênuos e imaturos. Parece igual, mas, lá no fundo, dói diferente. O perfume é outro. Imaginamos o primeiro beijo, o primeiro dia com a luz do quarto apagada e o primeiro "eu te amo" dito olho no olho. Mas nunca imaginamos como será o término. Será definitivamente o fim? Talvez. E isso independe de quem bateu a porta primeiro. Quando atravessamos aquela linha, que inicialmente parecia tão forte, mas no final das contas se mostrou tão frágil, tudo se transforma.

A dor da perda é a consequência dos dias mais felizes da nossa vida. Quando acreditamos na verdade de um sentimento, deixamos que ele nos transforme aos poucos e mostre o melhor caminho a ser seguido. Nem sempre se lembrar desse caminho é fácil. Nem sempre voltar por esse caminho é necessário. Às vezes, o amor nos muda tanto, que aprendemos um jeito de nos reinventar. Não é tão simples. São dias olhando no espelho e contemplando as lágrimas que não param de descer ao som daquela música. Potes de sorvete napolitano e temporadas de séries que fazem sua vida parecer tão sem graça quanto a de uma formiga de cozinha.

E então, em uma madrugada de terça para quarta, ele manda mensagens dizendo que ainda quer ser seu amigo. Ou talvez você perceba, olhando um casal de amigos se divertindo no metrô, que sente tanta falta daqueles momentos que seria capaz de guardar todo esse sentimento dentro do peito só para ouvir aquela voz novamente. O que fazer? Tentar começar a mesma história de um jeito diferente e abrir mão de outras possibilidades? Parece loucura para você? Soa como suicídio? Minha opinião? Talvez um pouco de cada coisa.

São pouquíssimas as pessoas no mundo que me completam e fazem com que eu me sinta totalmente à vontade. Para andar descalça e colocar os óculos de grau. Eu poderia contar nos dedos e passar o resto da madrugada descrevendo o quanto foi difícil deixá-las entrar na minha vida. Não é uma coisa que eu tenho muito orgulho em dizer, para falar a verdade. Sendo assim, acho desperdício deixar que elas se afastem e se percam simplesmente porque, em uma determinada fase, o relacionamento não foi a melhor opção, mesmo depois de muitos erros e tentativas. Quando finalmente olhamos a situação de outra perspectiva, fica mais fácil aceitar que ninguém é de ninguém e que o importante mesmo é ter feito tudo o que poderia ter sido feito.

Na teoria parece fácil, eu sei, mas na prática, e misturado com um milhão de sentimentos que ainda latejam, é preciso muita maturidade e respeito. Características que, convenhamos, é base de qualquer relacionamento. Seja amizade ou amor. Os dois envolvidos precisam querer coisas parecidas. Talvez estipular limites seja uma opção. Ou quem sabe, se ainda houver esperança, fazer com que esses limites já tão presentes nos tradicionais "relacionamentos sérios" se explodam. A verdade é que as coisas nunca serão como antes. Nunca mesmo. Aprendi dia desses que essa é justamente a melhor coisa de ainda ser amiga de um ex.

Os cinco caras

Ter um relacionamento com o típico cara errado é como andar de montanha-russa. Ele é mais velho, dificilmente participa do seu grupo de amigos e nunca escreve seu nome nas mensagens românticas que posta nas redes sociais. Você o conheceu por acaso em uma festa. Era para ser só mais uma ficada de final de semana, mas o jeito como todos te encararam quando descobriram o *novo affair*, deixou tudo um pouco mais interessante. Para suas amigas, você não admite que está perdidamente apaixonada. Diz que é só um rolo. Para ele, tenta, a cada conversa, aparentar ser diferente de todas as outras garotas. Fala dos seus dotes com o violão, daquela música que você só sabe cantar porque o seu irmão escuta e até arrisca escrever um texto de amor. Tudo parece estar indo bem, até que as histórias mal contadas entram em cena. Fotos de churrascos em finais de semana que ele disse que ficaria em casa jogando. Mensagens carinhosas de garotas que ele considera como irmãs. Esquecimentos e atrasos se tornam rotina, e suas melhores amigas avisam que é hora de pular fora. Quanto mais dizem que ele não é o cara certo, mais você acredita que conseguirá provar o contrário e que irá transformá-lo no príncipe encantado. São só fases, e depois de uns cinco caras assim você vai ter certeza disso. O problema é que montanha-russa é geralmente o brinquedo mais emocionante do parque de diversões. O que quer dizer que sempre existirá uma fila enorme. Ou seja, sua vez acaba mais cedo ou mais tarde.

    Ele é bem mais velho que você. Por isso, obviamente, tem muito mais referências de vida. Mais livros, mais filmes, mais viagens, mais histórias para contar em uma roda de amigos. Isso é o que mais te encanta nele e, ao mesmo tempo, o que mais te assusta. A insegurança começa no exato momento em que você se pergunta o porquê daquele relacionamento, se existem milhares de garotas "tão mais a cara dele" por aí. No reflexo do espelho não é mais você. É a garota por quem ele se apaixonaria. Seu tempo livre deixa de ser seu. Agora você precisa fazer coisas que ele gosta, e isso te deixa exausta toda noite. Cobranças começam a surgir. Encontros em horários em que você deveria estar estudando para a prova de matemática, viagens que os seus pais jamais te deixariam fazer. Por fim, o fim. Proclamado por ele, ou talvez por você. Não pense que tudo isso foi perda de tempo. Uma experiência dessas muda completamente o jeito como você vai se impor nos próximos relacionamentos.

    Dizem que em cada casal um dos dois guia o relacionamento na maior parte do tempo. Geralmente é quem já teve mais experiências amorosas ou quem tem uma personalidade forte. Então, em algum momento da sua vida, essa pessoa será você. Seja porque ele é mais novo, seja porque você está em um momento específico da sua vida. Sendo assim, vamos pensar agora que ele é mais novo e está perdidamente apaixonado por você. O que mais te encanta nessa história é a admiração que transparece a cada palavra dita. "Nós aceitamos o amor que achamos que merecemos."

E você merece finalmente ser feliz. Acredita nisso e, por esse motivo, faz de tudo para que o desfecho da história seja no mínimo um final feliz. O problema nesse caso é que geralmente ele é imaturo em pontos que são importantes para você. Esse amadurecimento pode acontecer durante o relacionamento – ou, em alguns casos, infelizmente, depois dele. Talvez também essa imaturidade tenha a ver com a personalidade do cara. Aí, minha amiga, achar que ele deve mudar completamente para se adequar ao seu estilo de vida transforma você na garota errada.

Existe sempre aquele cara que vai aparecer depois de um grande amor ainda não totalmente superado. Ele é fofo, suas amigas dizem que é o homem da sua vida, mas nada disso o transforma no cara que faz o seu coração acelerar instantaneamente. No máximo, alguém que a acalma toda noite e faz cafuné nos seus fios de cabelo bagunçados enquanto você dorme. Ele vai te olhar por horas depois disso. Relacionamentos que começam quando outros ainda não terminaram, normalmente, acabam mal. A sinceridade é algo tão importante quanto o próprio sentimento. Ouvir um "eu te amo" e perceber que aquele sentimento também existe dentro de você, mas que é por outra pessoa, machuca e pesa na alma. Isso não quer dizer que você não possa se envolver com ninguém enquanto estiver se recuperando do último relacionamento, mas mostra o quanto é importante falar sempre a verdade. Sem esse muro que a culpa cria, fica muito mais fácil descobrir que ele pode te fazer tão feliz quanto o outro.

Poucas garotas têm a sorte de ter um melhor amigo de verdade do sexo masculino. Normalmente, garotos da nossa idade com essa sensibilidade e maturidade não se interessam pelo tipo de relacionamento que esperamos. O melhor amigo homem e hétero é bem parecido com aquele estereótipo de protagonista de filme (*comédia romântica*). Vive suas histórias rápidas, se apaixona pela garota errada (geralmente sua outra melhor amiga, que não dá a mínima), faz tudo certo na hora errada e vem pedir conselhos adivinhem para quem? Isso mesmo. Você. Dizer tantas vezes que alguém legal vai aparecer acaba fazendo com que você se torne essa pessoa. Ou pense ser. Até aí, tudo perfeito. Ele a conhece como ninguém, seus pais o adoram e, na rua, todos já achavam que vocês eram um casal. Nenhuma novidade. O problema começa a surgir quando um ou o outro pensa que mudar o status para "namorando" é algo que vai transformar o mundo. Nada disso. Na verdade, a cumplicidade, o carinho e o respeito devem continuar exatamente do mesmo jeito. É mais complicado do que parece, mas o sentimento de posse pode estragar tudo. Não é porque você conhece alguém especial, faz essa pessoa feliz e está em um relacionamento, que você se torna dono dela. A lição que fica dessa história é que nem sempre ter razão é a coisa mais importante.

Estamos todos nos adaptando

Tenho carregado um sentimento suspeito. Algo que, de alguma forma, sempre fez parte de mim, mas que de uns tempos para cá começou a transbordar aos pouquinhos. Posso ouvir a goteira no intervalo entre uma música e outra. Não sei se deveria dizer agora, mas isso tem me consumido mais do que deixo transparecer. Basta uma faísca de tristeza para que tudo ao meu redor se torne absolutamente questionável. Queria ter as certezas de antes. Era muito mais simples quando eu achava que sabia todas as respostas – o conforto da superficialidade. Hoje nem sei se estou pronta para ouvir as perguntas. Nem ligo se a razão está ou não aqui.

"Crescer é assim. Você aumenta de tamanho e ganha mais espaço aí dentro."

"Mas eu detesto este vazio, meu senhor."

"E quem gosta, garota?"

Nessa vida estamos todos nos adaptando a alguma coisa. Todos. Eu, você, as inimigas, o pobre coitado do entregador de pizza que detesta dias chuvosos como hoje e até a polêmica Miley Cyrus. No final das contas, em realidades um tanto quanto diferentes, óbvio, queremos basicamente a mesma coisa dos dias que vêm e vão: paz.

Ô palavrinha de significado complexo, minha gente! Mas não foi sempre assim, lembra?

Até o fim do maternal era tão simples descrevê-la! Uma pombinha e pronto, todo mundo sabia exatamente o que eu queria dizer. E ela nem precisava parecer de fato um pássaro, viu? Era só rabiscar as curvas das asas e um triângulo para o bico – a folha do papel já era branca. Depois, nas aulas de história do ensino médio, paz virou o contrário de guerra. "O intervalo do conflito entre dois países ou Estados que disputam bens naturais e poder." Meu professor dizia com tanta convicção que eu nem pensei em contestar. Então tá, paz é isso.

Passaram-se horas longas, dias demorados, semanas curtas, meses solitários, semestres complicados e anos intensos. Deixei de confiar em quem podia ler o meu diário, troquei de CEP três vezes, aprendi a gostar das bandas barulhentas do meu irmão, me apaixonei por uns carinhas aí – continuo tendo o mesmo dedo podre de antes – e escrevi um monte de textos como este só para tentar organizar meus sentimentos mais secretos.

"Onde você guardou o amor?"
"Acho que deixei no caminho."
"Então volte."
"E se eu me perder?"
"Você não iria muito longe sem ele."

Sou taurina, mineira e teimosa. Não acredito nessas convenções baratas, mas, como minha mãe sempre disse antes de uma boa bronca, quando coloco algo na cabeça ninguém consegue tirar. Em todos os sentidos. Não falo muito e escondo coisas até de mim mesma. É uma luta interna. Preciso sempre ir até o final, mesmo que esse seja um caminho solitário. Dito assim, parece besteira, mas ainda não sei lidar com meus próprios demônios de outra forma. Tô tentando. Tô tentando. Tenho é medo de me corromper. Medo de me tornar vulnerável de novo. Medo de compartilhar a confiança que me resta. Quando ninguém está por perto, ela ainda me faz companhia.

"Por que é tão mais simples para as outras pessoas?"

"É simples porque não é com você."

Parece mais fácil quando deixamos o mundo saber o quanto dói, mas fazê-lo pensar que existe um culpado não nos torna inocente. Somos donos dos nossos próprios medos, de toda a insegurança acumulada, das escolhas e também dos receios que a vida nos fez ter. Armadura nenhuma nos protege de nós mesmos. Ou seja, tudo isso infelizmente não significa que conseguiremos controlar essa bagunça em forma de insônia ou ansiedade, mas nos mostra que se trata de uma pendência interna que antecede qualquer promessa feita e desfeita.

Tempo. As memórias vão fazendo uma trança nos fios de cabelo da nossa história. Carregamos ali um pouco de tudo e de todos que conhecemos – a parte madura e também a parte podre. Vamos transferindo manias, conhecimento e afeto por aí. Até que um dia as antigas músicas servem de trilha sonora para novos momentos, as palavras que um dia perfuraram nosso peito são usadas numa mesa de bar e o cheiro doce no travesseiro desaparece por completo. Nós continuamos os mesmos. Eles continuam os mesmos. Mas isso não quer dizer nada, pois não se trata de um jogo de sete erros – são muitos mais.

"O que isso tem a ver com a paz, garota?"

"A última vez que eu a vi, estava escondida num olhar."

Se a vida fosse um ônibus, eu diria que somos todos passageiros. Alguns descem mais cedo. Outros nos fazem querer mudar de lugar. Ora estamos distraídos olhando através da janela, ora só queremos um pouco de conversa fiada para o trajeto parecer mais curto. Às vezes, adormecemos sem querer no ombro de um desconhecido, às vezes fechamos os olhos por querer. O importante, eu diria, é continuar sentindo vontade de chegar a algum lugar.

São 6 da tarde. Cidade grande. Ônibus lotado.

Sobre a palavra com três letras? Desenhei cinco pássaros no meu braço e tenho aguardado ansiosamente o fim do conflito entre minha cabeça e meu coração. Pois é. Eles tinham toda razão.

TEM GENTE QUE PEDE SOCORRO *fazendo silêncio.*

Enquanto **valer** a pena

Conheço uma garota que conheceu um cara. Eles se tornaram amigos há algum tempo. Ótimos amigos, aliás. Saíam para beber de vez em quando. Encontravam-se no metrô sem querer. Conversavam sobre tudo, de um jeito que ninguém mais entendia. E as pessoas gostavam de tentar fazer isso o tempo todo.

Ele, um louco. Ela, uma apaixonada por loucos.

Essa tal garota falava, escrevia e tatuava tudo o que bem entendia. E o que não entendia também. Dragões. Rosas. Flores. Corações. O infinito. Buscava resposta nas páginas dos livros. Diziam que ela estava perdida no labirinto que criou antes de dormir. Draminha. Mas eu, que me identifico com ela na maioria das vezes, chamo isso de sentir e assumir sem ter uma gotinha de medo. Queria ser um pouco assim. Você também.

O garoto, pelo que me contaram, ainda não sabia lidar com um monte de coisas. O passado. Havia uma lista abandonada na segunda gaveta do armário. Última página do bloquinho. Poucos nomes, uma ordem.

Em uma noite qualquer, vulneráveis como sempre, eles se beijaram. Uma. Duas. Três vezes. Parecia tão simples. Coisa de centímetros. Entre as cadeiras. Depois, entre os lábios. Ele não tinha muita certeza. Ela nem se importava.

Agora as coisas entre eles estão meio bagunçadas. Indiretas coladas na parede da sala. Ele apagou a luz. Está ali, mas não quer ver. Acho que não quer machucá-la. Não quer perder a amiga, mas também não quer ver a amiga sofrer para sempre. É a vítima e o culpado ao mesmo tempo.

Quanto tempo de espera? Ela quis saber.

Como ele não diz, digo eu: Não existe resposta. Existe pôr do sol. Um depois do outro.

Gosto da garota e admiro o garoto. Quero que eles sejam felizes. Como amigos, como amantes, como almas que se entendem. Dia sim, dia não. Enquanto valer a pena.

O futuro que você nunca viu na gente

Eu tinha tanta coisa para te dizer naquele momento! Queria que não houvesse distância entre os nossos corpos para você sentir meu perfume mais uma vez, aquele que eu deixei por querer no seu travesseiro. Meu Deus. Eu ensaiei frases prontas na frente do espelho como se tivesse 12 anos de idade. Acho que no fundo você sempre me viu assim, não é? Como uma garotinha perdida precisando de ajuda. Eu parecia solitária o suficiente para você? Meu silêncio deixou você confuso? O que as pessoas pensariam se soubessem que você caiu de novo, não é mesmo?

Ah, rapaz, dispensei muitas horas de sono – como se houvesse opção – só para imaginar qual seria sua reação ao saber o que realmente sinto. Insônia braba. Você era o culpado das minhas olheiras, dos mais terríveis pesadelos que tive durante as madrugadas de inverno, mas também o motivo do meu sorriso e dono da pouca vontade que me restava e que me fazia sair de casa. Desperdicei minha melhor maquiagem.

É verdade. Eu ignorei as pistas. Dispensei os bons conselhos. Recusei todos os outros convites. Para mim, você era estranho, e eu me sinto estranha o tempo todo. Achei que isso nos tornava especiais de algum jeito. Pensei que era uma questão de tempo para que percebesse o que a vida fez com a gente ali naquele dia. Eu nunca tinha reparado no pôr do sol daquele jeito. Depois, vieram tantos outros! Posso estar ficando louca, mas amar você me fez enxergar novas cores dessa janela. Os prédios continuavam cinza, mas eu via um arco-íris nascendo no seu bairro. Tudo isso fazia mais sentido quando eu tinha certeza de que iria te ver na semana seguinte. Agora eu não quero nem cruzar sua rua.

"Preciso falar com você."

"Eu também."

Deveria ter aceitado sua proposta e ter começado falando. Ter dito tudo o que estava entalado na minha garganta antes que se transformasse na besteira mais tola que já consegui imaginar. É óbvio que eu estava chateada, é óbvio que eu estava na defensiva, mas não é por culpa da última briga, é por conta de tudo aquilo que você nunca fez ou disse. De todas as vezes que me deixou insegura falando sobre alguém que conheceu ou tentou se aproximar. Em que universo isso é engraçado?

Queria ter te explicado que meu silêncio não era desinteresse ou um daqueles joguinhos idiotas de conquista que ensinam nos filmes; meu silêncio era por não saber explicar o que estava acontecendo dentro de mim e, principalmente, por não ter certeza se era hora de dizer. Como eu poderia saber? Na maior parte do tempo você não estava realmente aqui. Eu só tinha momentos, bons momentos, mas a semana é longa e eu não sei brincar de faz de conta por tanto tempo. Eu deveria ter calado sua boca com um soco ou ter saído do carro antes que você pudesse dizer "eu sinto afeto por você" e "eu não vejo futuro nisso". Pois bem, eu vi o futuro que você nunca viu na gente e depois notei que eu estava um pouco sozinha lá. Eu vi o futuro que você nunca viu, e lá, sinto muito, você já não pode me alcançar.

Você estava errado

Certa vez, me disseram que sou muito fechada. Era alguém importante e que me conhecia bastante, como pouquíssimas pessoas no mundo, eu diria; então considerei o comentário e coloquei na cabeça que eu precisava dar mais espaço para as pessoas na minha vida. Não estou falando profissionalmente, porque existe essa diferença para mim. Dar mais espaço significava confiar. Contar meus medos e segredos. Ser um pouco menos durona. Baixar a guarda, mesmo que só nos finais de semana e nos dias de sol. Me tornar assim, um pouquinho vulnerável. Correr o risco de quebrar a cara depois. Oh, céus, quem me fez usar esse escudo?

A independência, talvez.

Demorei um tempinho para admitir que eu era uma dessas pessoas que vivem dentro da bolha. Porque eu dedico tanto do meu tempo ao trabalho – que graças a Deus é algo que me dá muito orgulho e prazer – que nem consegui notar que estava me afastando das pessoas. Fisicamente, isso já havia acontecido, pois eu estava em São Paulo havia algum tempo. Convenhamos, quando não existe convivência é tão mais difícil manter o contato e ter assunto diariamente! Minha vida se resumia ao trabalho, e eu nunca gostei de ficar falando sobre isso com os meus amigos mais próximos, que me conheceram antes disso começar. Tinha medo de parecer estar me gabando, sabe? Contentava-me em contar as boas novas para minha família e pronto. Para o resto, quando perguntavam, dizia o básico e pulava logo para a próxima pauta.

Por ironia do destino, justamente a pessoa que me cobrou mais humanidade agiu pelas costas de forma covarde, e, quando achei que estava perto da cura, me peguei trancando todas as portas mais uma vez e colocando o fone de ouvido no último volume só para fugir da realidade e das mentiras desse mundo que, definitivamente, não é o meu. Eu não queria mais tentar me misturar. Ora bolas, meu coração não é de plástico. Ele não desmonta como me convém.

Em silêncio, do outro lado da cidade, segui meu caminho. Não foi tão difícil assim. Fiz como das últimas vezes. Escrevi durante madrugadas inteiras e canalizei boa parte dos piores sentimentos. Ocupei minha cabeça, e logo meu coração deixou de besteira e também entrou no ritmo. Decepções em geral nos fazem pensar sobre a maneira como levamos a vida. Principalmente quando estamos sozinhos. As músicas ganham outro significado. O sol e a chuva também. Penso que quando não temos alguém para agradar, nos resta agradar a nós mesmos. E para mim, amiguinhos, essa foi uma das tarefas mais complicadas.

Como eu poderia saber quem sou eu neste mundo sem ao menos vivenciá-lo um pouquinho? Sou uma ótima observadora, mas, nesse ponto da história, precisei tirar os dedos do teclado e vestir meu melhor vestido. Foi exatamente assim que me libertei, aos pouquinhos. Comecei aceitando convites e dizendo besteiras sobre o que eu achava que sabia sobre sentimentos. Sem nem me importar com o que iriam pensar depois. As pessoas já falavam sem saber de qualquer maneira. Que tivessem então um motivo para me achar idiota.

O que uma garota de 19 anos pode saber sobre a vida? M* nenhuma, eu diria.

O universo fez questão de me dar os sinais, de um jeito até gentil, pois perdi a conta dos sorrisos e posso contar nos dedos as lágrimas que deixei escapar nesse meio tempo. Não é fácil admitir certas coisas para nós mesmos, mas, ao contrário do que pensei, fica um pouco menos complicado quando mais alguém se importa. Não é tão simples achar alguém que realmente faça isso hoje em dia, mas também não é impossível. Talvez nem todos os amigos estejam só interessados em favores. Existem pessoas que pensam como eu. E melhor, existem pessoas que agem como dizem. E elas andaram me ensinando um bocado de coisa.

Você estava errado. Todos nós vivemos dentro de uma bolha e nem sempre podemos controlar a direção do vento. Mas a maneira como enxergamos o trajeto e quem escolhemos para estar ao nosso lado, isso sim, é uma tarefa completamente nossa. São atitudes, palavras, valores e um monte de coisas cujo verdadeiro valor a gente só descobre quando aprende a ser leve.

E assim, acredito eu, vamos longe.

Tudo aquilo que eu **nunca** te disse

Nós nunca precisamos falar realmente sério. Tínhamos um daqueles relacionamentos que ninguém entende, mas isso não costumava ser um problema para mim. Eu gostava do seu jeito rabugento e achava que uma paixão superficial faria bem para todas as velhas cicatrizes. A recorrente intensidade dos meus sentimentos nunca me levou tão longe no final das contas, e a última ferida ainda estava cicatrizando quando o vi pela primeira vez. No meio de tantos outros, em meio a tantas risadas, seu silêncio me fez querer falar. Não sou do tipo que conversa com estranhos, mas algo em você me pareceu familiar. Acho que eu queria que me desse razão. Você continuou em silêncio, e eu, sem fazer ideia de onde estava me enfiando, continuei falando.

No outro dia você me beijou. Suas mãos estavam na minha nuca e minhas unhas afundavam lentamente em sua pele. Eu estava meio tonta, mas seu perfume era tão gostoso! Aquela foi a primeira vez que você me salvou dos meus próprios pensamentos. Eu já havia tentado tantas outras coisas, tantos outros lugares, tantas outras pessoas! Depois me disseram que eu deveria tomar cuidado, mas digamos que eu não estava a fim de falar sobre o passado e também não gosto que me digam o que fazer.

Passamos a nos ver regularmente. Cinema, jantar, filme no sofá, parque, churrasco, pôr do sol, bares, metrô, fica mais um pouquinho, gosto tanto do seu cheiro, mensagens no meio da madrugada, não consigo cair no sono, escuta essa música, quero dormir no seu abraço, entender o que somos e escrever sobre o que sinto. Droga. Eu não fazia ideia do que deveria sentir por você. As coisas ficavam no ar e eu não queria perder nem um minuto. Eu não queria correr riscos. As pessoas perguntavam e eu dizia que estava tudo bem. Que pela primeira vez era apenas bom. Eles fingiam acreditar nas minhas palavras, mas no fundo todos sabiam que eu estava em queda livre. Talvez porque eu não tenha sido a primeira.

Sabe, rapaz, eu me sentia especial, mas hoje vejo que você não era o principal responsável. Eu estava me apaixonando perdidamente por alguém que nunca existiu de verdade. Tudo era fruto da minha fértil imaginação. Você até deixava os sinais, mas eu só enxergava o que anestesiava meu coração. Camuflei seus defeitos sem perceber, só para me convencer de que você era a melhor opção para mim, mas eu é que nunca fui uma opção para você.

Eu achava a maior graça quando você vinha me contar do seu final de semana e das eventuais garotas que não significavam nada. Não entendia direito o porquê de você me dar tantos detalhes, sabe? Eu fiquei muito confusa no começo, sem saber se era pura insegurança ou mais um sinal de pare-agora-mesmo-com-essa-paixão-minha-filha. Sou durona. Dei de ombros e fiz que não ligava, quando na verdade meu coração estava mais apertado que minha calça jeans 38.

Eu tentei te impressionar de todas as maneiras possíveis, até fingindo não dar a mínima. Tentei provar que, mesmo não sendo exatamente igual a ela, eu poderia te fazer rir das coisas mais bestas e, talvez, fazer esta cidade maluca se tornar um lugar legal para se viver. Eu também não sou daqui, você sabe, mas meus sonhos me obrigam a ficar. Temos muito em comum, e achei que isso seria o bastante. Não foi.

Eu tenho essa tendência à tristeza, mas não sei lidar com tamanha inquietação. Todo esse mistério faz com que eu percorra caminhos sombrios, e talvez eu não consiga voltar sozinha quando tudo isso acabar de vez. Não sei se isso me transforma em uma daquelas garotas tão inseguras que nem conseguem demonstrar o quão inseguras são, mas espero que não me julgue e guarde apenas os bons conselhos que deixei. Quando estiver pronto, aceite as mudanças e não seja tão crítico com as pessoas. No final das contas, elas estão tão perdidas nesta vida quanto eu e você.

Bom, era "só" isso. Agora você sabe o motivo do meu sumiço, mas isso não quer dizer que você precisa entender e me encontrar. Venho tentando fazer isso há anos, e acho que nós dois fomos mais uma das pistas que a vida me deixou. Eu me conheço muito mais do que no momento em que conheci você. Obrigada por isso!

Entre os legais e os bonitinhos

Dia desses um carinha de quem eu gostei há algum tempo apareceu no meu Facebook. Não qualquer carinha. O que me fez criar o blog. Veio me dando parabéns pelas conquistas, segundo ele com a melhor das intenções. Não duvido. Achei a situação engraçada e comentei no Twitter. É óbvio que as meninas vasculharam cada publicação para encontrar quem era o tal rapaz. E acharam, curtiram a publicação dele, o adicionaram, viram todas as fotos e tudo o que qualquer outra pessoa que acompanha minha vida pelo blog faria. Pois bem, algumas delas vieram comentar comigo depois, questionando meu gosto.

De fato, ele não era um príncipe encantado. Não parecia ator de série americana. Também não era popular no colégio nem tinha dois mil amigos no Facebook. Era um carinha. Não o meu carinha, mas um rapaz gente boa que me deixou triste por não querer nada comigo e depois, sem saber, me fez tomar a melhor decisão da minha vida: criar um blog. Mas isso é assunto para outro texto. O foco é outro. Vamos falar de gosto.

Os bonitinhos não me atraem. E eu garanto que não estou sendo hipócrita ao dizer isso. É óbvio que acho o Ian Somerhalder um gato, mas, na vida real, na minha vida, costuma ser diferente. Meu principal critério para gostar de alguém... pera, não tenho um critério definido. É química. Pá. Uma conversa, um olhar, uma atitude, o momento, tudo conta. Mas o que mais pesa, definitivamente, não é a aparência. Nunca foi. Talvez, para mim, até atrapalhe um pouco. Quando o cara é muito bonito, fico achando que o flerte é interesse. Não em mim, mas no que construí. Tenho pavor de gente interesseira.

Admiração, respeito, bom humor, perfume marcante, sorriso charmoso e arrepios. Gosto de homens sensíveis, que me transmitam confiança. Não só com palavras, tá? Estamos falando de atitudes. Faz toda diferença. Tá bom, vai, admito, já gostei de uns meninos que me faziam sentir a garota-mulher mais madura do mundo.

Que fase!

Ah, por quantas delas eu passei! Já fui a babaca e também a otária.

Perspectivas diferentes fazem você entender que não existe um príncipe encantado como nos contos de fadas. Existem motivos, escolhas e consequências. Então, quem aparenta ser perfeito o tempo todo é, na real, alguém que provavelmente vive de ostentação. Saiam das redes sociais por um tempo, por favor. Que preguiça, que preguiça!

Pera, onde estávamos? Ah sim, no meu "mau" gosto.

Não ligo se ele tem barba ou não. Se usa xadrez ou camisa polo. Se escuta rock ou sertanejo. Se tem carro ou anda de metrô. Se é mais velho ou bem mais novo. Isso, queridas leitoras, aprendi com o tempo e com umas decepções aí, são detalhes.

Acho que nem existe uma regra. Pelo menos não quando sua vida amorosa deixa de ser um reflexo das séries e dos filmes a que você assiste. Beleza é algo tão relativo! E passageiro. Principalmente se a ideia for realmente engatar um relacionamento sério, e não impressionar suas amigas. Quando você está triste, só beleza não te faz sorrir. Não mesmo.

Por isso, entre os legais e os bonitinhos, fico com a primeira opção.

Para os olhos, a previsão era de chuva.

Dezenove

"É tolice."

"Eu sei que é, mas está me matando por dentro. Cada dia sinto uma dor diferente. Como se estivesse se espalhando", disse, respirando forte, só para garantir que ainda doía. Naquele momento, na boca do estômago.

"Não diga bobagens. O que você tem não é uma daquelas doenças que as pessoas se recusam a dizer o nome. Também não é amor. É drama. É pena de si mesma. Vai passar."

"Dizem isso o tempo todo."

"É porque as pessoas, huuuum, digamos, elas vivem. Saem de suas casas todo dia, enfrentam horas no trânsito e ainda se arriscam em relacionamentos que obviamente não vão dar certo. E, claro, depois de alguns meses, se ferram."

"E por que elas continuam tentando?", retruquei.

"A ressaca do amor nunca dura para sempre. Não é como nos filmes, sabe? Vivemos no planeta Terra. Temos um elenco que conta com bilhões de pessoas."

"Como eu descubro qual é a certa?"

"Posso te contar uma coisa? A pessoa certa não existe. Todas as pessoas são um pouco erradas. Só depende do seu ponto de vista. Eu mesma já conheci muitos caras que me fizeram chorar feito um bebê dentro do banheiro. Com a porta trancada e o chuveiro aberto, que é para ninguém mais escutar. Deles, além da pelúcia inútil escondida em algum canto do guarda-roupa, levo os sorrisos e as dores. Ok. Também algumas músicas e bandas que conheci enquanto estava com cada um deles."

"E onde é que você guarda as dores?"

"Junto com os momentos bons. Deixo em equilíbrio. Não vale a pena apagar nossos próprios sentimentos, sabe? Acho que é tudo meio ligado. Dor, saudade, insegurança, felicidade… Vão fazendo uma trança. Como esta que estou fazendo em seu cabelo – disse, ao pegar o elástico da minha mão e dar três voltinhas no final da trança."

"Ah, é? Eu queria ter coragem para cortar ele curtinho. Como o seu."

"Foi uma metáfora, mas se você está encarando dessa forma, vamos lá: quando você tira uma parte da trança, ela se torna mais feia, mais frágil, mais boba. É importante que os fios estejam bem organizados e divididos. Assim como os nossos sentimentos. Precisamos entender muito bem quem somos, antes de cobrar isso dos outros. É um exercício complicado, mas funciona."

"Eu sei muito bem quem sou. Sempre soube."

"Todo mundo pensa assim. Até o momento em que erra. Às vezes, erra feio. De um jeito que as coisas nunca mais voltam a ser como antes. Então, mudam para se adaptar. E acabam não se conhecendo mais por um bom tempo."

"Isso é bom?"

"Não é bom nem ruim. É a vida de um ser humano na fase adulta. Seja bem-vinda."

Um errinho

Foi só um erro. Um errinho. Uma hora, ou talvez 26 minutos, sei lá, que mudaram tudo. Fico pensando nisso antes de dormir. Em como as coisas poderiam ter sido diferentes. Mas não depende de mim. Ou melhor, não dependeu de mim. Agora depende. Mas agora é fácil demais dizer que tudo pode ser de outro jeito daqui pra frente. Pois é tarde. O ponteiro do relógio já girou um milhão de vezes. O sol nasceu e se pôs, de um jeito lindo que fiz questão de fotografar, umas trinta. Eu mudei de casa, empurrei móveis sozinha e fiz novos amigos. Que, graças a Deus, você nem conhece. Sabe, fui a um bar muito legal. E, pela primeira vez em semanas, me diverti. Deixei que conhecessem a Helena. A sua Helena.

Tive várias conversas. Desabafei até não conseguir mais me ouvir contar a mesma história. No fundo, queria que me dissessem o quão idiota você foi. Principalmente aquelas pessoas que viram o quanto eu me esforcei para dar certo. Mas disso eu já sabia. E sabia também que era questão de tempo até você assumir que é uma criança. Daquelas que fazem arte e saem correndo para chorar no colo da mãe. Agora ela já não pode fazer nada para consertar os seus erros, né? Que peninha.

Abstraindo você da minha vida, percebi algumas coisas. No trânsito, que sempre odiamos, por exemplo. As luzes vermelhas pra cá e as brancas pra lá podem me acompanhar até lugares inesperados. Avenidas. Muros pichados. Árvores solitárias. Novos andares. Meus amigos. Nada como uma desilusão amorosa para a gente aprender a valorizá-los. E perceber os que não dão a mínima também.

Não te odeio, porque, sinceramente, você me fez foi bem. Tive de me virar sozinha. Dizem que amadurecemos mais rápido quando somos obrigados, não é? É verdade. Se antes me davam 20 anos, agora passo por 25 com certeza. Não estou falando de aparência. Porque eu continuo tendo aquela cara de menininha de sempre. Na verdade, meu cabelo cresceu mais um pouquinho e estou me sentindo mais bonita. Estou falando de atitude. Palavra bonita essa, né?

A solidão tem dois lados. Embora a felicidade geralmente esteja em ter a companhia de alguém, ficar sozinha em casa também é um jeito de descobrir o caminho. Para parar de ficar pensando em tudo o tempo todo, sabe? As respostas às perguntas que fiz, quando me mostraram quem você realmente é, estavam, como me disseram, no tempo.

Nesses meses, alguma vez você realmente conseguiu ser você perto de mim? Sei lá. Talvez quando me contou aquele segredo de família no chão da sala e eu, sem dizer nada, te abracei. Ou quando, no banco da pracinha, antes da viagem, jurou que não tinha graça sem mim?

Tinha sim.

Tudo bem. Não precisa se sentir tão culpado. Foi um erro. Um errinho. Que deixou uma dor. Uma dorzinha. Que tá passando. Dia após dia. Página após página. Texto após texto. Mensagem após mensagem. Era para ser assim, e o que podemos fazer? Apenas foi.

O amor da sua vida

Vai, menina, escreve. Encontra as palavras certas nesse precipício de emoções. Não pule agora. Segure firme. As lembranças são a ponte que vai te levar para o outro lado.

Arrume a cama. Depois tire as fotos antigas do mural e jogue o lixo fora. Ligue o chuveiro, deixe a água escorrer pelo seu corpo. Lentamente. O vapor deve estar embaçando o vidro. Escreva alguma coisa com os dedos. Saia. Agora seque o cabelo, abra a janela emperrada do quarto e cozinhe alguma coisa que faça seu estômago se animar. Sem queimar o dedo de novo. Mastigue devagar enquanto finge prestar atenção naquele filme sem título. Mude de canal quantas vezes desejar. Dê um tempo do mundo real. Escute o silêncio te contar alguns segredos. Surpresa: no fundo, você sempre soube que isso iria acontecer.

No fim, não importa onde seu corpo vive. Seus pensamentos é que sempre serão sua casa.

Escolha uma roupa bem bonita. Passe aquele batom vermelho. O celular não tocou, mas você pode usá-lo para falar com mais alguém. O dia ainda não acabou. Encontre as chaves. Você não está sozinha. Consegue ver aquele carro preto estacionando ali na frente? É de alguém que realmente se importa. Não com o que vão pensar. Dessa vez, com você. Alguém que ainda não tem um passado em comum, mas que oferece um futuro inteirinho todo em branco.

    Ele não vai dizer as mesmas coisas. Também não vai ter aquele cheiro de roupa limpa. O cara do carro que acabou de estacionar tem cheiro doce. É mais velho, viu mais do mundo, e talvez isso pareça um grande problema. Você tem medo, eu sei, mas não é. Ele vai te segurar mais firme pela cintura, ler seus textos quando você não estiver por perto para não te envergonhar e, no fim da noite, vai te levar até a porta do apartamento novo depois do cinema.

    Às vezes, ele vai te mandar flores só para lembrar o quão forte você tem sido nos últimos meses. Não tenha medo de contar, minha querida. Porque é justamente ele que vai te provar que o amor da sua vida nem sempre é aquele cara que chega e transforma tudo de uma hora pra outra. O amor da sua vida é aquele cara que chega e simplesmente fica. Ele.

Os planos que a gente faz (e desfaz)

Amar faz doer. Cada partezinha do corpo. Como se existisse mais de um coração batendo ali dentro. É uma febre. Uma febre que queima de dentro pra fora. Um jeito que o organismo encontrou para avisar sobre a existência de um invasor desconhecido. "Ei, tem alguém querendo ocupar o espaço da sua felicidade. Não, espera, parece que ele só quer protegê-la. Multiplicá-la. Acariciá-la quando tudo aí fora estiver desmoronando." Isso, meus caros, é amor.

É um milagre, mas só isso não basta. Nunca bastou. Até onde eu sei, dizer palavras bonitas e ganhar cafuné antes de dormir não é nenhum tipo de desafio. E amar é o maior desafio que nós enfrentamos enquanto humanos neste mundo. É complexo. Porque trabalhar oito horas por dia é cansativo. Estudar cinco dias por semana é um saco. Já para suportar um sentimento nobre e real dentro do peito, não existe hora. Muito menos férias ou feriado. Ele está dentro de você. Do momento em que abre os olhos ao momento em que finalmente consegue vencer a insônia. Alguns dias, também dá as caras nos sonhos. E nos pesadelos.

O amor vem dentro de uma pequena caixa. Vem acompanhado. Com ciúmes, insegurança e intimidade. Cada pessoa abre de um jeitinho diferente. Alguns gritam e compartilham com o mundo. Outros jogam a caixa longe e correm o mais rápido que podem. Os corajosos que se arriscam e vão em frente precisam de uma espécie de manual para usá-lo da maneira correta. Não é um papel que vem junto nem pode ser encontrado no Google. São leis que nascem com a gente. Admiração, respeito e honestidade. Sem esse manual, a caixa não vale para nada. Talvez para alcançar alguma coisa. Para ocupar um espaço vazio. Mas, no final das contas, é só uma caixa maciça e sem valor.

O amor não gosta de contratos. Alianças de ouro não servem como moeda de troca. Ele não dá a mínima para cor, idade ou classe social. Se tentar, vai ver que é impossível obrigar alguém a entender e aceitar um sentimento. Também, se despedaçado, não volta jamais a ser como antes. As feridas não cicatrizam, elas param de doer. Mas as marcas ficam lá. Como queimaduras que jamais deixaram de despertar lembranças ruins. Ou, se você olhar de outro jeito, necessárias.

Promessas não garantem um final feliz, pleno e definitivo. Cada pessoa tem seu tempo, e o amor não dá a mínima para o ponteiro do relógio. Passam dias, passam meses, e os planos? São feitos e desfeitos o tempo todo. Por bem, ou para o bem. Já você, minha querida, continua inteira. Portanto, trate já de fechar essa caixa vazia e guardar pertinho das outras. A felicidade logo se acostuma com o espaço que sempre teve.

Sardinhas

Que bonitinho! Você tem sardinhas no nariz. Deste ângulo, com luz do sol que entra pela janela entreaberta, elas parecem menos tímidas. Como se só agora estivessem prontas para mim. Ou talvez ontem eu estivesse ocupada demais para reparar. Ocupada me apaixonando perdidamente por você. Não que eu não fosse apaixonada antes. Não que eu não fosse *sempre*. Mas é que agora é diferente. Não foi alguma coisa específica que você disse. Também não foi alguma coisa que você fez. Foi um estalo. Não dos seus dedos. Um estalo dentro de mim. Depois de tanto tempo duvidando, entendi. Não existem regras para o amor. Ele nunca acontece duas vezes do mesmo jeito. Então, quando finalmente parei de te encaixar no meu passado, compreendi que você combina mesmo é com meu presente. Tempo em que, não por acaso, vivo atualmente. Ao seu lado.

Agora bateu um medo imenso de estragar tudo. Uma insegurança que não sinto há séculos. É como se eu fosse uma adolescente bobinha indo ao cinema dar o primeiro beijo. Por que diabos foi me lembrar desse dia? Sabe, fico pensando, existem tantas garotas tão melhores por aí. Tão mais, digamos, apropriadas. Porque você escolheria meu número na agenda? A minha janela para passar a madrugada jogando papo fora no Facebook? Meu apartamento para estacionar em frente e passar a noite? Me explica, meu bem, quais são suas reais intenções? Porque eu não tô de brincadeira. Você sabe. Não é meu estilo ficar com alguém só por ficar. Quando eu amo, enquanto eu amo, é de verdade.

São 10 da manhã e você acabou de ir embora. A chave ainda faz barulho na porta. Seu cheiro está no meu travesseiro. Ou seria no meu corpo e no meu cabelo? Coloco aquela música para tocar enquanto organizo a casa e danço feito louca na frente do espelho. Coisas pelo chão, pia lotada e televisão ligada na Globo. Está passando algum daqueles programas que minha avó ama. Droga. Bateu saudades dela agora. Sinto um nó na garganta ao perceber que faz tempo que ela se foi. Fecho a geladeira, pego um pacote de Fandangos e coloco o notebook na mesa da sala. Minha tela inicial é uma foto do filme *500 dias com ela*. Meu preferido de todos os tempos. Entro no site de busca e digito seu nome sem querer. Droga. Era para ser o nome daquele site para quem está buscando empregos. Escrevo uma listinha de telefones, faço algumas ligações e, em menos de uma hora, estou entrando no metrô.

São dezenas de pessoas passando por mim. Apressadas. Como se estivessem atrasadas para alguma coisa muito importante. Talvez nem tão importante assim, pois estão vestindo umas roupas, digamos, estranhas. Ignoro o mundo ao meu redor e coloco o fone de ouvido. No automático, pego a direção, faço baldeação e finalmente chego ao meu destino. É um prédio enorme e espelhado. Logo me imaginei entrando ali todos os dias. Parecia uma boa ideia. O salário pagaria minhas contas e ainda me permitiria viajar para algum lugar incrível no final do ano. Tipo Londres. Com você. É isso.

No elevador estou com estranhos. Um silêncio que me incomoda. Posso ouvir a respiração de cada uma das pessoas que estão ali. Um cara idoso que parece ter 80 anos. Por que ainda trabalhando? Deveria estar no interior com seus netinhos, e não no elevador ocupando meu espaço. Também tem um cara barbudo. Consigo ver uma tatuagem no pescoço, meio que fugindo do terno. Aquilo definitivamente não combina com ele. Deve estar ali pela grana. Ou porque o pai obriga. E se esse senhor for o pai dele? Eu é que não quero entrar nessa confusão. Meu andar. Até nunca mais, desconhecidos.

O ar-condicionado está me matando agora. Coloquei um vestidinho leve e uma sapatilha vermelha. Não sabia que meu novo ambiente de trabalho fazia *cosplay* do Polo Norte. Queria que você estivesse aqui. Não só para me esquentar, mas para me dizer que vai ficar tudo bem. Que é só mais uma entrevista. Pensei em pegar o celular na bolsa para ouvir isso da sua boca, e não só da minha imaginação. Mas, nesse exato momento, ouvi meu nome ser dito por uma secretária com a voz rouca e um coque enorme no alto da cabeça.

– Sofia Fernandes Torres, sua vez!

ACREDITAR NOS SONHOS DE ALGUÉM É UMA DAS FORMAS MAIS BONITAS *de demonstrar carinho e amor.*

A lista

Eu tinha tanta coisa para te dizer! Mas esqueci. Esqueci porque olhei bem no fundo dos seus olhos. E reparei em como eles ficam bonitos com o reflexo do sol. Por distração, cheguei mais perto. Senti a fragrância do teu perfume importado. Aquele que compramos juntos na véspera do Natal de 2009. Foi meu presente e, agora, é meu passado. Minhas mãos estão tremendo. Estamos conversando sobre qualquer assunto que não faz a mínima diferença. Minha mãe te adora. Te deixou entrar, e agora estamos aqui, frente a frente, sem saber o que fazer com nossas mãos. Alguma coisa dentro de mim começa a acontecer. É como se eu estivesse sendo anestesiada. Está acontecendo. Pouco a pouco. Não sinto dor, não sinto nada. Sou um vazio, tão leve que poderia voar agora mesmo para os seus braços e cair nesse sofá. Nesse nosso sofá. Onde nos descobrimos e nos perdemos. Onde me encontrei, por várias semanas, sozinha.

Tenho uma lista de motivos para te odiar. Uma vontade enorme de pegar agora mesmo esse vaso de vidro azul na estante e jogar na sua direção. E vai doer. Menos em você do que em mim. Mas, pelo menos assim, você terá um motivo para me odiar. Um motivo para deixar de aparecer na porta enquanto eu espero o cara do restaurante. Mentira, eu espero você. Minha fome não importa. Nem o clima.

Nem o dia do mês. Nem o que dizem no Facebook. Não tem graça. É para mim, mas não é de você.

O assunto era a matéria da prova de história. Segunda Guerra Mundial. Mas agora estamos discutindo sobre o quanto sou egoísta por não te dar mais uma chance. O que você diz não faz sentido algum, mas em alguns minutos me faz acreditar. A culpa é minha. Eu fiz você mentir naquele final de semana e, em vez de passar a madrugada jogando Warcraft, sair para um barzinho de nome tosco. Fiz você beber mais do que devia e aceitar o convite para a balada. Fiz você ter amigos mulherengos que te encorajaram. Fiz você se aproximar daquela garota que estava perto da mesa do DJ. Fiz você reparar no tamanho do vestido bandage rosa bebê. Fiz você colocar a mão na cintura dela e dizer alguma coisa de que nem você mesmo se lembra. Fiz você piscar e, por último, fiz você segurá-la na parede e beijar, lentamente, sua boca e seu pescoço como se não houvesse amanhã. Como se não houvesse alguém, do outro lado da cidade, dormindo profundamente, com um pijama de bolinhas, luz apagada e um urso enorme segurando um coração com aquelas três palavras. Era eu.

Estou gritando e dizendo tudo o que penso. Sem joguinhos e planos para você achar que já superei ou que sou uma garota desapegada. Minha cadelinha late incessantemente, e agora você está do outro lado da porta. Também gritando. Escorrego pela parede e desabo. Abro os olhos e estou na minha cama. Não sei se o dia já acabou ou se é madrugada. Meus olhos estão inchados e, mentalmente, acabo de listar todos os motivos que tenho para manter meu corpo longe de você. Assim como fiz ontem e, provavelmente, farei amanhã.

O amor que eu inventei

O amor não bate à nossa porta. Ele entra, bem devagarzinho, pela fresta esquecida da janela de madeira. Percorre lentamente seu caminho, desviando da estante e do sofá, chegando até a fechadura enferrujada do seu quarto. Acelera o coração. A gata se assusta. Então ele desce, rastejando pelo chão, sem qualquer dignidade, e te encara, frente a frente, como se fosse pela primeira vez. Não adianta se esconder debaixo da coberta do passado ou praticar qualquer teoria de desapego. Conselhos nunca serão um motivo forte o suficiente. O final da história não existe até que ela efetivamente comece. Antes de dormir, agora, você faz planos. Todos eles se parecem por um único motivo. Pequenas pistas são deixadas no caminho.

Você está descalça. Seu cabelo está molhado e pingando. Algum tipo de descarga elétrica acontece a cada cinco minutos dentro do seu peito. Isso é raro. O tempo parou, e a mesma música se repete desde o começo da manhã. As horas na frente do espelho se prolongam, e o atraso é quase inevitável. Mais um pouco de perfume. Depois daquela esquina, na sala ao lado ou na próxima estação do metrô. É só mais uma possibilidade. Os fios se embolam dentro da gaveta. O nó na garganta não deixa a voz sair bem naquele exato momento. Antes das atitudes, as palavras; antes das palavras, os pensamentos proibidos.

Ao contrário do que dizem, o amor não tira o chão dos nossos pés. Ele nos ensina a voar mais alto. Não é muro. É pezinho. Se platônico, dói. Se recíproco, enlouquece. Até que se torne realidade, até que vire rotina e ocupe a maior parte do seu dia. As horas de solidão olhando para o teto se transformam em minutos de alegria e expectativa que serão sempre lembrados por fotografias encontradas em caixas no armário, anos ou meses depois. Não consegue enxergar? É sempre a mesma história. O final feliz existe. Mas a cada página que você vira. Os livros preenchem a estante. Que, por sua vez, ocupa a sala. Seu lugar preferido na casa. Desde que começou a ler sozinha.

Não existe certo ou errado. O melhor caminho é sempre aquele que te faz olhar ao redor e perceber os pequenos detalhes. As pegadas vão se apagando com a chuva. Por fim, você ainda consegue enxergar todas aquelas estrelas brilhantes no céu? Pois o sol vai nascer todo santo dia para te confundir um pouco mais. Uma delas representa o que você sente, mas na verdade, agora, qualquer uma pode representar. No final das contas, a maioria delas só existe ainda dessa perspectiva. Tudo bem ter medo de estar perdida. Quando abrir os olhos amanhã, será um pouco menos complicado. O lobo mau não se importa com o tamanho do seu pé. Na verdade, ele só precisa de um pouco de atenção. Dê companhia a quem se importa e descubra a saída do labirinto.

Boa demais para você

Certa vez me disseram que eu era boa demais para você. Colocaram meu amor a leilão e apostaram que logo apareceria alguém melhor. Um cara que realmente se importasse em vez de alguém que fica semanas sem telefonar e manda uma mensagem no meio da madrugada, dias depois do último encontro, dizendo que está com saudade. *Como se essa palavra fosse a senha do meu coração.* Disseram que eu deveria conhecer pessoas novas. Entrar num curso de gastronomia, viajar para a Europa nas férias ou ocupar os meus domingos com idas ao parque. Nunca fiz nada disso, pois tinha certeza que jamais te encontraria nesses lugares. Passei pelo caminho mais longo só para talvez te ver casualmente saindo da faculdade, fui todas as sextas do último mês naquela balada em que nos conhecemos e, aos domingos, escrevi e apaguei mensagens que nunca foram enviadas ao som daquela música. *Você nem deve saber o nome da nossa música.*

Eu sei que o problema não é comigo. É com você e esse medo de se prender a alguém e gostar da sensação. Prefere continuar caindo em vez de descobrir se o paraquedas funciona. Queria que soubesse, mas queria que soubesse antes que seja tarde, que nem todo mundo é como o seu pai. *Os fantasmas mais assustadores são aqueles que nós mesmos criamos.* Já te disse, e repito, sua vida não deve ser uma consequência dos erros que ele cometeu quando você ainda nem podia sentar no banco da frente do carro. A única herança que é sua por direito, além desses lindos olhos azuis, que às vezes me parecem verdes, é o lugar onde você e sua irmã vivem. Agora está escuro lá. Talvez frio. Mas logo vocês descobrem como se acende a luz.

Fico pensando, ninguém te conhece de verdade. Se você os desse essa oportunidade, certamente veriam o que eu vejo. Sentiriam o que eu sinto. Eles acham que você é só mais um caso perdido e que vai acabar como todos os outros garotos. Enxergando o mundo na mesma perspectiva até o último dia. Esse não é o seu final. De longe, percebi dia desses enquanto pegava o metrô, todo mundo é só um ponto solitário. Ao seu lado, no entanto, somos dois. Quem sabe, um dia, três. O mistério das reticências combina com a gente.

Sinto falta das nossas conversas sobre o que já não falo com ninguém. Dos seus desabafos bem no meio da melhor parte do filme. Parece bobagem, mas era bom ter um espaço no sofá da sua sala. Um dia fomos grandes amigos. Os conselhos que deu já me levaram para diferentes lugares. Até que seu ombro passou a ser meu travesseiro mais macio. Eu me apaixonei perdidamente por aquele cara que sabia sempre o que dizer. O problema é que deixamos o amor nascer em um labirinto, e agora nossa antiga amizade não consegue encontrar a saída. Os sinalizadores estão queimando tudo o que sobrou, e você continua olhando para o outro lado.

Esta é a última vez. Antes de me despedir e apertar o botão sem volta, que leva estas palavras até você, aviso. Eu não quero te consertar. Nunca quis. Quero é provar que podemos ser exatamente assim, cheios de defeitos e sem nenhuma garantia. Invisíveis para o resto do mundo, mas o suficiente um para o outro.

De madrugada

É madrugada novamente na movimentada avenida daquela pequena cidade. Os bares estão cheios, e as mesas ocupadas. Uma pequena multidão começa a se aglomerar bem em volta e ocupar um pedaço da rua. Todos, depois de uma semana intensa de trabalho ou estudos, parecem estar onde gostariam de estar, menos os garçons, que já exaustos perambulam para lá e para cá anotando novos pedidos. Estamos no verão, no mais quente que a cidade já viu, mas naquela madrugada fazia frio. Não um frio de sair de casa usando casaco. Era um vento tímido, que mais parecia punição para as garotas solitárias que só queriam chamar a atenção com seus vestidos decotados ou colados – às vezes, os dois ao mesmo tempo. Sem julgamentos. Conheço várias delas e posso garantir que são ótimas pessoas. Daquelas com quem você passa a tarde conversando sobre qualquer assunto e nem percebe. Esses estereótipos só funcionam nos filmes. Na vida real, se você não dá uma chance, desperdiça uma provável ótima amizade. Malu é uma dessas garotas. Se não me engano, a mais nova no grupo. Não contei? Elas costumam andar sempre juntas, como se fossem para a guerra. De Snob e câmera na bolsa. Toc. Toc. Toc. Esse é o barulho dos saltos na calçada. Enquanto conversam, caminham e continuam em frente. Sempre em frente.

Não olha agora. Foi o que uma das garotas disse para Malu ao ver que Gabriel, seu ex-namorado, estava do outro lado da rua conversando com uma ruiva desconhecida. E, o pior, com um corpão! Não era ninguém do colégio, era alguém de fora. Tinha certeza. Aliás, a vantagem de morar em uma pequena cidade é saber exatamente o nome e a feição de cada habitante. São sempre as mesmas festas – e foi exatamente em uma delas que tudo acabou. Malu estava em um momento ruim, e tudo o que o namorado fazia parecia motivo para o término. Os atrasos, as espinhas, o estilo musical, os amigos, as mensagens que a acordavam de madrugada e antes eram aguardadas com ansiedade e borboletas no estômago. Foi culpa dela, todos disseram. Perdeu de bobeira o menino mais fofo da cidade. Malu ainda não tinha admitido a culpa, mas era cedo demais para encontrá-lo por aí com alguém. Mesmo que o amor tivesse acabado, o sentimento de posse apareceria e misturaria as coisas. Suas novas amigas, que já passaram pela situação diversas vezes, fizeram de tudo para que o encontro não acontecesse. É inevitável olhar para o outro lado da rua quando se tem alguém com cabelo vermelho cor de fogo. Não, na verdade, cor de ruiva natural. O que é ainda pior, porque ela já tinha tentado chegar naquele tom pelo menos cinco vezes, e as marcas das falhas ainda estavam em pelo menos três dedos de cabelo. O dela era natural. E, certamente, Gabriel aprovava isso.

 Continuaram caminhando. Por mais que elas tentassem disfarçar, para Malu, a trilha sonora passou instantaneamente de "Wannabe", das Spice Girls, para "All By Myself", da Celine Dion. É óbvio que depois disso a pobre coitada ficou olhando para o lado a cada 20 segundos. Comparando cada partezinha do seu corpo com o da tal ruiva. Ela deve ser chata, não deve beijar bem e ainda por cima deve ter os dentes podres. Era nisso que ela tentava acreditar até o momento em que Felipe chegou e soltou mais algumas informações: *Daniela, 24 anos, advogada e carioca.* Tá bom para você? Como competir? Malu era estudante, não fazia ideia do que queria para a vida, ainda não estava "pronta" e tinha horário para chegar em casa. Se isso fosse um filme, agora pularíamos para a parte do banheiro. Onde todas elas, já bem bêbadas e com a maquiagem borrada, estariam dizendo bobagens na frente do espelho. Só que, antes disso, algumas coisas aconteceram, e disso, talvez, só eu saiba. Vamos começar esta história de novo?

    O sol nasceu e deixou o céu cor-de-rosa. Aquele era um sinal de que alguma coisa boa aconteceria nas próximas 24 horas. Dani é supersticiosa e acredita em signos. Mais um dia de trabalho, voltando para conferir se realmente fechou a porta e descendo pelas escadas por estar atrasada demais para esperar o elevador. Segundo andar, um apartamento no Flamengo e o escritório em Botafogo. Enquanto esperava o ônibus, sozinha, tomava um copo de café duplo e lia as besteiras que os amigos mandavam no WhatsApp. Completamente distraída, não percebeu que na sua frente parou um garoto com um mapa nas mãos. Já conseguem imaginar o que aconteceu agora? Café na roupa, no mapa, no chão, em todo lugar, menos no copo. Daniela é branca cor de neve e, graças ao constrangimento, ficou parecendo uma daquelas garotas que não sabem passar blush. Gabriel tem 19 anos, mas tem cara de 21. Com os olhos verdes e os cabelos encaracolados, ficou sem saber o que fazer. Estava atrasado para sua primeira prova de vestibular. Iria prestar UFRJ e, para a felicidade de toda a família, tinha passado para a segunda fase. A melhor ideia que tiveram foi dividir um táxi. Primeiro o local da prova, depois o escritório, mas antes disso uma boa desculpa para o chefe que não tenha a ver com um garoto.

No carro, conversaram sobre o tempo, sobre provas de vestibular e até fizeram amizade com o taxista. Ela achou o sotaque mineiro dele fofinho. Trocaram telefones e combinaram de se ver depois. Daniela desejou boa sorte e ficou a tarde toda com aquela música romântica que tocou no rádio na cabeça. Naquele mesmo dia, recebeu uma mensagem, que virou um jantar, que virou uma passagem para o interior alguns dias depois. Quem poderia imaginar? Ela pediu um café e ganhou um amor. Digo mais, a gorjeta para o acaso se tornou uma tentativa sincera de viver algo novo sem olhar para trás. Advogadas pensam, manipulam e estão sempre prontas para uma DR. Nada deu certo até então, mas, por sorte, Gabriel tinha um mapa.

Depois de dividir o fone de ouvido e ter certeza de que aquele garoto tinha o melhor gosto musical do planeta, Daniela conheceu os pais dele. Já poderia chamá-los de sogros? Simpáticos, mas assustados. Afinal de contas, mandaram o filho para o vestibular e, na volta, encontram uma ruiva de 24 anos na mala. Depois de uma tarde assistindo à péssima programação da Globo e respondendo perguntas sobre o trabalho, tipo qual o valor do salário, o casal resolveu se aprontar para ir até o centro. Lá, encontraram alguns amigos do Gabriel e tiveram que explicar um milhão de vezes o começo dessa história. Tenho certeza absoluta de que todos eles ficaram com inveja do garoto. A situação era nova para Daniela, mas, a cada segundo, a advogada viajante gostava mais do que estava acontecendo. Era caso ganho.

As histórias de amor perpendiculares, que agora seguem paralelas, não se cruzam mais neste texto. Porque

Gabriel cansou de ficar em casa imaginando o que fez de errado. Escondendo as lembranças em pequenas caixas, pulando suas canções prediletas para fugir de lembranças e adiando um novo começo. O pobre garoto que fez tudo certo para a garota errada finalmente entendeu como as coisas acontecem. Aprendeu que, quanto maior o espaço que deixam na gente, maior a chance de aparecer alguém que se encaixe perfeitamente ali. Afinal de contas, a vida não para por ninguém. Ainda bem!

Cortar pessoas importantes da nossa vida é como cortar um pedaço da gente. Mas às vezes é necessário, às vezes nem temos escolha. Acabaram as chances do estoque. Fechamos para balanço. Quanto tempo? No espaço vazio entre uma hora e outra fica a saudade. No final da piada, a vontade de sair correndo e contar para a pessoa só para saber se ela vai achar graça também. Na música preferida, a frase que nunca foi dita.

É QUE É TÃO MAIS FÁCIL SE ENTREGAR PARA A TRISTEZA DO QUE IR EM BUSCA DA FELICIDADE.

QUANDO VOCÊ **O BEM,**
D·E·S·E·J·A
o bem te deseja também.

ÀS VEZES, PARECE QUE ESTOU JOGANDO CAMPO MINADO, MAS É SÓ A VIDA.

NÃO EXISTE BALANÇA NEM UNIDADE DE MEDIDA PARA A TRISTEZA DOS OUTROS.

É BOBAGEM, MAS PODE SER A BOBAGEM MAIS IMPORTANTE DO MUNDO.

TODO MUNDO SENTE.
Então, todo mundo é meio escritor.
É UMA QUESTÃO DE CORAGEM.

Não que alguém queira saber. Não que você deva dizer. Não que ele se importe. Não que guardar faça bem. Não que esquecer te salve. Não que gritar acabe com a solidão. Não que o orgulho te dê toda a razão. Não que o silêncio te proteja. Não que a culpa te transforme no único vilão.

Não que o amor seja assim tão difícil. Ele só não gosta de ser assim tão planejado.

A CADA DIA EU SEI MENOS DE VOCÊ E MAIS DE MIM.

O triste fim do ensino médio

Todo ano, alguém termina o ensino médio. O nerd que reclamava por tirar nove e meio. A apaixonada que passou mais tempo se recuperando das brigas do que se preparando para a prova de álgebra. O engraçadinho que dizia qualquer besteira para chamar a atenção da turma toda. E você, que nunca fez parte de nenhum grupinho, pelo menos não que eu saiba, mas que, assim como todos os outros alunos, está enfrentando o vazio pós-término do colegial. "E agora?", você me pergunta. E agora, respondo, a vida começa. A hierarquia dos grupos vai abaixo e é cada um por si. Ou melhor, cada um por sua respectiva nota no vestibular.

Primeiramente, parabéns por ter conseguido sobreviver a todos esses anos de colégio, sabe? Mais cedo ou mais tarde, vão te dizer que essa foi a melhor época da sua vida. E talvez um dia você até concorde com isso, provavelmente quando conseguir o primeiro emprego e tiver contas para pagar; mas, por enquanto, todas as lembranças são frescas, e acordar na hora em que seu corpo julga ser a certa é tão surreal que, às vezes, você escuta despertadores invisíveis.

Enquanto tudo parece fora do lugar e seus melhores amigos se mudam para longe, os dias passam. Seu estoque de sessão da tarde aumenta, e as temporadas de séries por assistir diminuem. Você percebe então, recebendo a atualização de algum colega no Facebook, talvez do trote na faculdade, que somos protagonistas da nossa própria vida e que, por mais que até então tenhamos nos considerado figurantes da história de alguém, nosso destino é totalmente independente dos outros e dependente da gente.

Como assim? Vamos voltar no tempo.

É na escola que aprendemos a lidar com o outro. Antes disso, nós éramos os *tchutchuquinhos* do papai e da mamãe. Cheios de defeitos, mas perfeitos. Pirracentos, barulhentos e egoístas. Lembram? Até então, ninguém tocava no nosso brinquedo. Aí, na escola, nos ensinaram que não somos os únicos melequentos do mundo e que existem pessoas bem diferentes. Que, sei lá, preferem o Power Ranger amarelo.

Crescemos mais um pouquinho e nos damos conta de que ser diferente pode ser um grande problema. Que a teoria do sucesso do Big Brother Brasil – sim, do BBB – não é tão diferente da que usavam no 2ª ano do colégio. Se você tem um grupo de amigos, você fica. Se você não tem, você sai. Para casa, para o intervalo, para os passeios especiais, sozinho. Ninguém precisava te aceitar. Só você. Mas como não faziam questão de fazer isso, por que diabos você também teria que fazer? Muito mais fácil se afastar. Problema deles. É o que eu pensava. Na verdade, o problema também era meu. Fiz com que se tornasse meu ao levar a sério o que me diziam. Também aconteceu com você? Bom, tudo bem, mas o tempo passou.

Você teve que entender por que enfiaram uma letra bem no meio da expressão numérica. Por que ciências, que era uma matéria tão legal, talvez sua preferida, se transformou em uma decoreba sem fim. Foram tantos finais de semana para conseguir gravar o nome daquela plantinha! Agora você já nem lembra mais, certo? Eu também não.

Dessa época, me lembro das primeiras conversinhas de namoro. Algumas meninas, bem adiantadas, já gostavam e desgostavam de alguém. Eu queria o novo carro da Polly de Natal. Então, algum tempo depois, eu me apaixonei. E dessa vez não era pelo professor ou por algum dos alunos mais velhos, que pareciam tão adultos, mas que na verdade só pensavam no churrasco de domingo. Eu estava fazendo corações na última folha do caderno, e era pelo garoto que sentava na minha frente. O que nem me notava. Você também conheceu alguém assim? Se você tem boas amigas, elas fizeram questão de contar o segredinho. Resultado? Todos achando graça, e você sem ter a menor ideia do que fazer.

De uma hora pra outra, suas melhores amigas se tornam desconhecidas. Mais bizarro que isso só o tamanho da fórmula que fizeram você decorar para a prova final. Na época, você jurava que não conseguiria tirar mais de seis, e quando viu o boletim: sete e meio. Passou de ano. De novo. E de novo. Até que, um dia, era o último. Aí você teve que ir a pelo menos cinco lojas para tentar encontrar o vestido perfeito. Qual foi sua música de entrada? E o destino da viagem? As escolhas foram feitas, e, de um jeito estranho, não ver mais o uniforme de sempre passado na gaveta te liberta. Agora você é quem sempre teve vontade de ser. Tenta.

All Star vermelho

Desamarrei o cadarço do meu All Star vermelho e fui andando de meia até a cozinha. Minha mãe me mataria se soubesse, mas ela está longe demais, e agora quem cuida das minhas roupas é a pobre máquina de lavar. Abri a geladeira e passei o olho em cada parte. Nada que fosse gostoso e fosse meu. Talvez umas frutas estragadas ou umas carnes congeladas. Resolvi beber água. Li uma reportagem dizendo que temos que beber não sei quantos copos por dia. Aquele era meu primeiro, e faltavam minutos para a meia-noite. Voltei em silêncio para o quarto e fechei a porta. Não era para bater com força, mas a janela estava aberta e o vento resolveu interromper o silêncio de horas do apartamento. Pensei um palavrão bem feio. Em frente ao espelho, tirei a blusa e joguei em algum lugar aleatório. Talvez em cima da montanha de roupas que estava prestes a nascer. Abri a gaveta e busquei por algo confortável. Que não me lembrasse do quanto meu quadril aumentou nos últimos meses. Uma blusa do carnaval de 2008. Pelo tamanho, provavelmente do meu irmão. Vesti. Abri todas as gavetas do móvel em busca de um elástico. Na última, encontrei um quase arrebentando. Eu nunca gostei do meu cabelo preso, com rabo de cavalo, mas em dias como esses, sei lá por que, sinto vontade de prender. Fui até a janela e, pela primeira vez no ano, reparei nas pessoas. Passando depressa, passeando com seus cachorrinhos ou esperando alguém. O que será que elas estão pensando? Numa hora dessas, eu queria era ser o professor Xavier. Mas já quis mais. Quando era pequena, por exemplo, e não me encaixava em nenhum grupo na escola. Queria saber o que as garotas pensavam para dizer e me parecer com elas de alguma forma. Bom, acho que hoje descobri e continuo aqui. Sem me encaixar em grupos, lugares e horários. Dizem que é tão fácil! É só continuar sorrindo e concordar. Eu observo, participo, curto, compartilho, mas continuo aqui. Nesse caso, ali, comigo mesma. Olhando da janela para fora. Tentando não olhar só para dentro. Está frio. Melhor fechar o vidro e deitar. Quanta bagunça na cama! Agora, bagunça no chão. Minha cama. Coluna retinha. Que sensação boa! Em pensar que algum dia da minha vida eu odiei dormir. Opa, quem vai apagar a luz? Ai, meu pé, que bagunça! Pisei em alguma coisa e quebrei. Espero que não seja meu celular. Cadê meu celular? Onde eu deixei minha bolsa? Tentando lembrar e voltando no tempo. No sofá. Abrindo a porta do quarto bem devagar e voltando bem rápido para a gata não entrar. Aqui está você. Será que alguém ligou? Espero que não. Odeio receber ligações. Nunca atendo nem retorno. Me escreve. Por falar nisso, será que ele enviou uma mensagem? Aposto que percebeu que estava errado. Que foi moleque. Que deveria ter feito alguma coisa para mudar o desfecho daquela noite. Para não ser um completo desperdício de maquiagem, que, por sinal, eu nem tirei. Meia-noite. Em ponto. Nenhuma mensagem. Ninguém pensando em mim. Hora de dormir e fazer a digestão desses sentimentos. Talvez, acordar com amnésia ou ressaca moral. Coluna esticada. Viajando em pensamentos. Em quilômetros. No passado. No destino. Nos meus sonhos. Está ficando tarde. Está ficando escuro. Adoro o cheiro do meu travesseiro. O mesmo do meu xampu. Que droga, do meu xampu que acabou. Preciso comprar outro logo. Amanhã. Cedinho. Quando eu acordar. Quando.

Eu, você e o último dia do ano

Nos encontramos na padaria. No último dia do ano. A padaria que era minha e agora é nossa. Mais perto aqui de casa, mas a três ou quatro quadras do seu prédio. Fomos lá pela primeira vez em um domingo, quando dispensamos o almoço da sua mãe e comemos um monte de besteiras. Lembro que disse, com os lábios ainda sujos de doce de leite, que aquele era o sonho mais saboroso que você já tinha experimentado na vida. Desde então, depois daquela tarde nublada, aquele se tornou o nosso ponto de encontro. De lá fomos para o parque. Para aquela viagem maluca no interior. Para uma noite qualquer em algum lugar, só para passar o tempo e perder a hora. Era engraçado como sempre acabávamos ali. Depois do porre, das brigas e da putaria. Lá estávamos nós dois, sentados, em silêncio ou gritando, olho no olho ou desviando o olhar. Nós.

Senti o seu perfume antes mesmo de te enxergar. Fechei os olhos, como todas as outras vezes, e odiei o fato de ter dado aquele frasco azul da liquidação "imperdível" de Natal. No ano passado. Toda a cidade usava o mesmo perfume, e eu vivia sentindo calafrios imaginando que você poderia estar por perto. Era só o tio. O vizinho. O engraçadinho do escritório. Mas não dessa vez. Era você, e eu tive certeza quando aquela voz tão familiar fez o pedido de sempre.

– Um sonho de doce de leite; o maior, por favor.

Pensei em um milhão de coisas, inventei centenas de possíveis desculpas e planejei cinco jeitos diferentes de fugir daquele lugar sem deixar rastros. Eu queria te ver, mas, no fundo, ainda não estava totalmente preparada. Para te olhar nos olhos, sentir os pés bambos e os dedos trêmulos. Respirei fundo. Oh, droga, você me viu.

– Oi!

Passamos meses ensaiando o que vamos dizer para alguém. Encaramos o nosso reflexo no espelho todo dia e planejamos até o jeito como vamos sorrir ou o ângulo em que nosso rosto deve ficar quando a frase decorada finalmente for dita. No entanto, quando essa pessoa está na sua frente, todas as palavras simplesmente desaparecem. É como se o cérebro estivesse mandando toda a responsabilidade para o coração: Preciso de férias. Vai que é tua. Se vira, porque se nas cartas de amor te desenham, nos encontros inesperados o socorro é seu.

– Oi! Quanto tempo, né?!

Eu poderia ter dito qualquer coisa. Sobre o clima, sobre política, sobre como os fogos de artifício eram insuportáveis. Mas eu tive que dizer, com uma simples frase, o quanto o tempo tinha passado e nada entre a gente tinha mudado. Pelo menos para mim. Entreguei meus sentimentos de bandeja e então era só você se servir e, depois, como sempre, me deixar pra lá.

– Pois é! Você está ótima!

Ótima é o que a minha professora de matemática escrevia sobre a minha nota na quinta série. Ótima é notícia sobre o fim do conflito entre as Coreias. Ótima era a comida da sua avó nos finais de semana. Agora eu? Estou tudo, menos ótima.

– Obrigada!

Eu agradeci e não soube mais o que dizer. Silêncio de segundos que pareceram milênios. Pela primeira vez na vida, eu não fazia ideia do que dizer. A continuação de qualquer assunto, na minha cabeça, era a maneira como (não) terminamos. Como vai sua mãe? Ela sentiu a minha falta nos últimos meses? Seu irmão passou de ano? Eu não o vejo desde que você gritou comigo na frente dele. Seu cachorro melhorou daquela virose? A veterinária perguntou onde iríamos passar a virada e eu disse que não sabia mais nada da sua vida. O trabalho vai bem? Bom, todos os meus textos agora falam de você e dessa maldita mania que criei de fantasiar o passado.

– Bom, preciso ir. Foi muito bom ver você de novo. Saber que está bem. No fundo, é como se nada tivesse mudado. Aliás, meu telefone continua o mesmo. Quando quiser fazer alguma coisa, me liga. Podemos caminhar nos finais de semana ou andar de patins no Ibirapuera. Tenho certeza de que você ainda não tem planos para o feriado.

Parte de mim queria aceitar o convite e jogar todas aquelas sacolas cheias de não sei o que para o alto. Outra parte queria colocar em prática tudo o que aprendi nos últimos meses da aula de boxe. Como pode alguém ser tão superficial? Tão insensível? Como se eu não tivesse visto todas aquelas fotos da viagem postadas no Facebook. Quanta bebida! Quanta festa! E nenhum telefonema bêbado. Nenhuma mensagem. Aliás, você nem deve ter reparado que não é mais meu amigo nas redes sociais. Ok. Não foi um pedido de casamento, mas vindo de você, naquela padaria, eu não poderia pensar de outra forma.

– Ah, lembro sim, talvez eu ligue. Obrigada pelo convite. Boa virada de ano!

Eu não ia ligar coisíssima nenhuma. Nem tenho mais o número. Tanto tempo que não digito, que talvez nem o saiba mais de cor… OK! Mentira! Sei sim. Com o 9. Sem o 9. De trás pra frente. O que eu queria mesmo era terminar aquela conversa logo.

– Ah, sim, feliz 2013! Espero ver você mais vezes durante o próximo ano. Vou pra casa dos meninos logo mais. Você sabe, odeio esta época do ano e meus pais viajaram. Não tenho escolha – disse, enquanto saía da padaria e olhava o semáforo.

Eu não fazia ideia do que aquilo significava. Mas, quando você completou a frase, tive certeza, absolutamente nada mudou. Eram só palavras. Seus amigos. Suas histórias inventadas. E, principalmente, sua maldita falta de decisão. Era o que eu mais odiava em você. Na verdade ainda é. Por que tanta acomodação, meu Deus? Tanto medo de mudar e levar alguma coisa realmente a sério? Você disse que odiava rótulos e que tinha medo de estragar tudo. Agora vejo que não tem mesmo o mínimo de consideração. Sabe, você ainda nem tocou minha nova tatuagem. Nem deve se lembrar do gosto que a minha boca tem. E por mais que sinta minha falta nas noites solitárias – sim, eu vejo suas frases –, não faz absolutamente nada para que isso mude. Nada além de falar e apertar *enter*.

Vi você atravessar a rua e escutei a menina do caixa dizer:

– É crédito ou débito?

Livrai-me desta urgência. Não estou atrasada nem tenho hora marcada, tampouco alguém me espera do outro lado da rua.

Se quer saber, talvez eu nem precise atravessar agora.

São só as luzes, aquelas que sempre estiveram nos meus sonhos e agora me fazem companhia e iluminam meu caminho.
Ainda não sei para onde vou, mas, como da última vez, sei que vou.

Sobre ciclos que terminam

Ontem eu não imaginava que hoje sentiria vontade de escrever este texto. Quero dizer, que eu estaria pronta para compartilhar esta verdade secreta com o mundo. Você sabe. No fundo, todos nós sabemos. Algumas coisas, às vezes pequenas, às vezes maiores do que conseguimos imaginar, precisam de tempo para ser compreendidas. Um perdão. Um trauma. Uma morte. Um erro cometido no passado. Coisas que incomodam em silêncio e que, com o tempo, todo mundo esquece. Menos nosso coração.

Coisas teoricamente bestas que, perto do que mostram os jornais sensacionalistas, nos tornam seres superficiais e ingratos. Ainda assim, estou aqui para bater no peito e dizer que essa dor não é nem um pouco superficial. É profunda e, às vezes, nem com muita terapia conseguimos descobrir onde realmente dói ou como faz pra parar.

É uma questão de tempo. Do clichê e incontrolável tempo. Não tem jeito, mais cedo ou mais tarde você vai olhar no espelho, ou para a bagunça do seu novo quarto, e se perguntar: quando foi que as coisas mudaram tanto assim? Qual foi o exato momento em que fulano se tornou um completo desconhecido? Seria depois daquela atitude? Ou depois daquela expectativa diariamente cultivada? Quando foi que você deixou de colocar aquilo em primeiro plano? Vai saber.

Passei uns bons meses tentando descobrir se eu realmente já tinha feito isso. Foi olhando através da janela do meu quarto, para a vista cheia de prédios e luzes de Natal, que a ficha caiu. Nós não fazemos isso com uma atitude, fazemos isso continuando nosso caminho e lutando a favor daquilo em que acreditamos.

Um ciclo termina quando paramos de chamar o começo de começo. Quando aceitamos o presente e aprendemos a respeitar o final. Ao contrário do que já li muitas vezes por aí, respeitar não tem nada a ver com esquecer ou deixar pra lá. É simplesmente aprender a conviver e lidar com o fato de uma maneira madura. Conversando, ligando, escrevendo, pedindo desculpas, visitando o túmulo pela primeira vez ou, sei lá, ligando o foda-se e deixando escapar uma lágrima bem na frente da pessoa.

Às vezes, involuntariamente, nos tornamos o ponto final da história de alguém. Às vezes a vírgula, às vezes a exclamação e, infelizmente, às vezes, o ponto de interrogação. Também corremos o risco de ser as reticências, fadados a um final meio que sem continuação. Mas isso não é tão importante, porque, independentemente do que aconteça, aqui, ali ou aí, teremos sempre a nossa própria história para escrever. Nela, as páginas não são escritas com canetas, palavras e promessas. Para conseguir virar nossa página, precisamos de escolhas e atitudes.

A boa notícia é que um novo dia nasce toda manhã. O mesmo sol de alguns anos atrás. O mesmo frio ou calor. O mesmo horizonte, talvez até a mesma vista da janela. Mas, ainda assim, um arriscado e surpreendente dia. Espero que saiba ou descubra logo o que fazer com ele.

P.S.: Tenho certeza absoluta de que já usei cada palavra deste texto pelo menos mil vezes. A questão é que, em uma ordem diferente, elas podem querer dizer outras coisas. É mais ou menos por aí.

Ontem não é quase hoje

Olho nos seus olhos e você desvia. Seguro sua mão e você logo solta sem perceber. Te abraço forte e você só me cumprimenta. Te convido e você desmarca. Logo depois reclama da rotina. Te ligo antes de dormir e você não diz quase nada. Coloco nossa música para tocar num sábado à noite, lá em casa, e você nem percebe. Fico horas aprontando na frente do espelho, espalho tudo em cima da cama, e você se atrasa por puro esquecimento. Te dou de bandeja meu futuro e você ainda se engasga com seu maldito passado. Vou de táxi, metrô e pensamento. Corro contra o tempo e você fecha os olhos, disfarçando, para ele passar sempre um pouquinho mais rápido. O porta-retratos continua virado. Decorei suas pintas e você não sabe nem o número do meu celular. Não é bem uma novidade, mas meus melhores amigos te detestam. Nem me importo. Melhor mesmo é sentir seu perfume. O gosto doce da sua boca. Coloco meus braços na sua cintura e finjo que acredito que você ainda se importa.

Dizem que eu deveria estar sorrindo agora. Que sou uma boa garota e tenho um futuro brilhante pela frente, mas meus dias parecem cada vez mais opacos. O batom vermelho ficou sem cor. Meus maiores sonhos perderam toda a graça, e as receitas para te esquecer já se esgotaram.

Tenho uma pilha enorme de livros para ler, mas não consigo mudar de página sem pensar em nós dois. Sempre imagino que poderia ser a nossa história.

Não sei o que você fez ou o que eu fiz de errado. Mas te juro, não é tão grave assim.

Só precisamos descobrir onde a antiga graça se escondeu.

Ela deve ter levado nossos sorrisos.

Ontem bebi e disse besteiras que neste exato momento latejam na minha mente. Não consegui dormir e fiquei a madrugada inteira limpando toda a sujeira da sala. Antes você amava minhas loucuras, mas agora diz que preciso me curar. Meu bem, sinto em dizer, mas não estou doente. Não é vírus. Não é bactéria. Não é culpa da mudança de tempo desta cidade cinza e barulhenta. É você. E não tem cura.

Madrugada

A luz do quarto estava apagada, mas a claridade da rua já começava a entrar timidamente pela janela entreaberta. Era madrugada de um dia de semana qualquer. Tínhamos que levantar cedo, ele para o trabalho e eu para a faculdade, mas ainda estávamos deitados na cama e bem acordados. Depois do restaurante, deitamos exaustos e começamos a nos beijar e conversar sobre a vida. A viver e a conversar sobre os beijos. Não lembro bem o que eu dizia, quando ele interrompeu.

"Sabe, é estranho... Você cria teorias o tempo todo. Para tudo. Às vezes, acho que o que sente por mim é apenas consequência de mais uma delas. Fica tanto tempo pensando, escrevendo, justificando, fazendo sei lá o que, que talvez tenha esquecido como é sentir de verdade", disse, deixando momentaneamente de tocar e acariciar meus cabelos.

"Por que você está dizendo isso? Eu disse alguma coisa durante o jantar?"

O assunto de antes não tinha absolutamente nada a ver com aquelas palavras. Eu estava falando sobre a separação dos meus pais, em 95, e, do nada, ele aparece falando sobre os meus sentimentos. Olhei fixamente para os olhos dele e esperei mais um desabafo.

"Não. Muito pelo contrário. Para mim, as coisas entre nós estão absolutamente bem. Mas não percebo isso em você. Já faz um tempo, para falar a verdade. Não é de hoje que você vive alimentando uma tristeza sem motivos aparentes. Passa o dia com um olhar distante, como se ainda estivesse em busca de felicidade. Ou seria se lembrando de algum momento feliz? Não sei."

Naquele momento tive medo de nós estarmos tão conectados a ponto de ele começar a conseguir ler meus pensamentos.

"Quem você disse que cria teorias mesmo?"

Eu queria resolver aquela situação. Mas o que fiz mesmo foi virar e começar a olhar para o teto. Puxei a colcha e cobri o meu corpo completamente.

"Não faça isso. Essa coisa de tentar mudar o foco da conversa e fugir do assunto como se nada tivesse acontecido. Não quero discutir ou estragar o nosso momento, digo apenas para te lembrar que eu não sou um daqueles caras que aparecem para o tempo passar mais rápido. Eu odeio ficar imaginando que você me enxerga assim."

Naquele momento eu percebi que uma lágrima estava prestes a se formar nos olhos dele. O tom da voz também tinha mudado.

"Mas você não é. Já disse isso várias vezes."

Nós dois estávamos olhando para o teto.

"Eu posso conquistar suas melhores amigas, tentar ser mais engraçado do que aquele cara bizarro da faculdade que você conheceu dia desses, cozinhar para sua mãe ou até te surpreender com flores na sala de aula. Mas juro, eu infelizmente não consigo competir com o seu passado e essas lembranças loucas que você alimenta como se fossem de estimação. Também não quero ocupar um espaço no futuro que não é meu. Você tem que me querer lá, entende?", disse, enquanto se virava e começava a me olhar novamente.

Fingi que não me importava, mas, depois de alguns segundos ouvindo aquelas palavras, me virei.

"Mas eu quero. Você é o meu presente." Eu não estava mentindo. Nunca fui tão feliz na minha vida como naquela época. As coisas não eram tão simples por dentro como aparentavam por fora, mas, no fundo, eu sabia que aquilo era besteira minha.

"Seja sincera, você me ama com a cabeça ou com o coração?"

Aquela pergunta saiu como uma bala. Nem precisei de perícia. O disparo perfurou meu coração e fez com que o sangue começasse a escorrer instantaneamente, em forma de lágrimas, dos meus olhos. O problema já não era a resposta da pergunta, era o fato de deixar alguém tão especial em dúvida.

"Na verdade, meu amor, eu te amo com o meu corpo todo. Cada átomo aqui agora é propriedade sua. E mesmo tendo lá minhas loucuras, é com você que eu quero abrir e fechar os meus olhos todas as noites. É para você que eu quero contar minhas conquistas e minhas angústias. Dividir meus pesadelos e os meus sonhos. Desta vez, eu juro, não vou precisar perder para perceber isso."

Ele então colocou novamente os braços em volta dos meus ombros, deu um beijo demorado na minha testa e disse baixinho no meu ouvido que me amava de um jeito que nunca aconteceu antes. Naquele momento eu senti seu perfume e foi como a primeira vez. Aquilo me deu uma vontade enorme de parar o tempo e fazer aquela madrugada durar mais algumas horas. Infelizmente, nós só tínhamos mais alguns minutos.

O escudo invisível

Quando decidi sair de casa, no comecinho de 2011, achei que meu maior desafio seria me adaptar em uma cidade tão distante e cheia de desconhecidos como São Paulo. A imagem que eu tinha daqui era aquela do livro de geografia, sabe? Um monte de formiguinha cabeçuda se espremendo em uma avenida enorme. Cruz credo! Odeio multidões. Mesmo assim, eu vim. É onde as coisas acontecem, não é? Eu não tinha parentes ou amigos de longa data por aqui, mas eu confesso que nem fiquei pensando tanto nisso. Afinal de contas, eu tinha 17 anos e, como quase toda adolescente do interior, estava fissurada pela ideia de ir para a capital realizar todos os meus sonhos. E, vai por mim, a lista era extensa.

Mas sou sortuda pra caramba, e tudo deu certo. Não porque as coisas boas simplesmente acontecem de graça na minha vida, muito pelo contrário. Sou sortuda porque consigo me adaptar muito rápido às escolhas que faço. Essa é uma característica fundamental para se sobreviver nesta selva de pedras (acho essa descrição legal). Eu diria que também no mundo dos adultos. Não é fácil no começo, mas com o tempo aprendemos a disfarçar melhor. Observar mais e falar menos. Bem menos, viu?

Então, lembro que logo nas primeiras semanas uma amiga me disse que eu precisava tomar cuidado com fulano. Aquilo me deixou um pouco assustada, mas tomei como um conselho bem-intencionado e segui em frente. Gosto de tirar minhas próprias conclusões e continuei conversando com o cara. Na semana seguinte eu liguei a televisão em um final de tarde, coisa que eu quase não fazia, e lá me disseram que eu precisava tomar cuidado com os ladrões nas ruas. Os crimes eram os mesmos de antes, mas agora eles aconteciam no "quintal" do meu apartamento. Eles aconteciam na cidade onde eu moro. Pouco tempo depois eu tive uma experiência profissional muito desagradável. Eu era completamente inexperiente em alguns aspectos, principalmente na parte comercial do blog, que envolve pagamentos e notas, então tive que rebolar para conseguir entender como a banda toca com determinadas agências. Levei prejuízo, mas ganhei experiência. "Você precisa tomar mais cuidado com essas coisas!", me disseram.

Okay.

Peraí! Okay nada.

Eu não sabia direito o que aquelas pessoas queriam dizer. Viver em uma espécie de campo minado não era exatamente o meu conceito de vida feliz, sabe? Mas pelo que entendi, se eu quisesse continuar riscando os itens da minha lista de sonhos, buscando estrelas, eu teria que me adaptar logo.

Agora, cá entre nós, como é que a gente faz isso mesmo? Ninguém sabia dizer.

Na verdade, eu nunca falei diretamente sobre isso com muitas pessoas, então eu meio que ia ligando os pontinhos e montando minhas próprias teorias e técnicas. Aliás, é curioso, mas a maior parte dos meus amigos de São Paulo não nasceu aqui. E cada um deles tem uma história, um *background* completamente diferente do meu. Isso foi importante no processo de você-não-é-a-única-que-passa-por-isso-querida.

Os meses mudaram e um monte de coisa aconteceu. Ao mesmo tempo.

Eu tive de me defender. Sei que vocês me acham madura e tal, mas eu também sou sensível. E quando se é madura e sensível ao mesmo tempo, você simplesmente pega todos esses sentimentos que estão te matando e engole. De uma vez só. Porque você sabe muito bem que gritar para todo mundo que está doendo não resolve nada. Fazer draminha é perda de tempo. A única coisa que muda, no final das contas, é a comoção das pessoas que estão ao redor e não têm nada a ver com aquilo.

Eu não sei vocês, mas eu detesto que desconhecidos sintam pena de mim quando estou no fundo do poço.

Pois bem, de tanto tomar porrada e me defender, quietinha como boa mineira que sou, eu criei algo que batizei de escudo (alguém tem um nome melhor?). Um escudo invisível. Ainda é só minha pele e, às vezes, as camadas de maquiagem e o traço fino do delineador, mas entre o que eu penso/sinto e o mundo ao meu redor, o mundo onde vivo agora, existe algo mais. Não sei explicar, pouquíssimas pessoas além da minha mãe e do pai me viram sem ele. Não me entenda mal. Não é uma máscara ou algo do tipo. Não tem nada a ver com minha autenticidade. É como mantenho meus pés no chão.

Uma droga, eu sei.

Às vezes, me privo de sentir coisas, falar coisas e pensar coisas. Mentira. Penso coisas o tempo todo. Também faço, quando quero. Só que agora eu espero um pouco mais para colocar o meu coração na jogada. Vou devagarzinho com minhas expectativas, sabe? Para descobrir onde estou pisando. E foda-se o que os outros vão pensar. Pode ser o pior jeito, o mais demorado e complicado, mas, desculpa, é o *meu* novo jeito. E eu não faço a mínima ideia do tempo que isso vai durar.

    Se tá certo? Não sei. Você sabe o que é certo? Então me explica quando a gente se encontrar.

AS PESSOAS GOSTAM DE DIZER QUE VOCÊ *mudou*, ✕ MAS NÃO QUEREM SABER O QUE TE FEZ *mudar*.

Casquinhas

Quando eu era mais nova, vivia caindo. Lembro que minhas calças jeans eram sempre meio rasgadinhas no joelho. Mamãe diz que é porque eu tinha mania, a mesma do papai, de olhar por baixo dos óculos. Cinco graus de hipermetropia, astigmatismo e estrabismo.

Cataploft!

Me lembrei disso porque vi as cicatrizes na hora do banho. Bem clarinhas, quase imperceptíveis. Engraçado, né? Dia desses mesmo elas ainda estavam sangrando. Eu segurava o choro para não parecer uma criancinha perto dos meus primos mais velhos. Uma semana depois, arrancava a casquinha com a unha, escondido, só para saber se ainda estava doendo. Mais sangue. Até eu levar outro tombo e me esquecer daquele antigo machucado. Semanas depois, outra casquinha. Um ciclo.

Acho que esse ainda é o meu jeito de lidar com a dor.

Até

Não tenho medo de altura. Moro no vigésimo andar. Não tenho medo de escuro. Durmo sozinha e com todas as luzes apagadas. Não tenho medo de agulha. Acabei de fazer minha terceira tatuagem. Não tenho medo de chuva. Gosto do cheirinho da terra molhada. Não tenho medo de avião. Queria estar decolando agora. Não tenho medo de nada. Até eu me apaixonar.

Hora certa

São 3 horas da manhã. Estava tentando dormir e não consegui. Li sua última mensagem pela milésima vez e dei aquele sorriso bobo. Maldito sorriso bobo. Não respondi ainda para você não achar que é tão importante. Droga. Você é.

Eu fico me julgando, sabe? Me perguntando se esse sentimento é real ou se é apenas um escudo que criei para tentar parar de sofrer. Um escudo do escudo do escudo. São tantas camadas que eu nem sei se ainda tenho um coração de verdade. Tipo as estrelas. Ainda brilham, mas podem já nem existir. Eu ainda sinto. Descobri isso naquele dia.

Perdida. Um pouco menos que antes. Quando abri a boca para falar um monte de besteira sobre esta cidade e as coisas das quais eu ainda nem tenho certeza, você concordou. Ah, somos tão parecidos, presumi. Um partindo e o outro ficando de vez. Você resolveu não ir, e eu me senti tão bem por não me sentir mais tão sozinha!

Merda. O texto ainda não acabou e eu já me sinto uma idiota por estar escrevendo-o. Não estamos mais na quinta série, querida, deveríamos conseguir lidar com isso. Ok. Foda-se. Continuemos.

Você me deixa meio tonta, como se eu estivesse sempre bêbada. No outro dia esqueço o que disse, o que fiz e não dou a mínima para o que vão pensar. Minha ressaca é a saudade que fica. Esse é o nosso efeito colateral. E eu tenho gostado disso. Para falar a verdade, tenho gostado de muitas coisas.

Gosto do seu cheiro. Do jeito que toca minha pele me fazendo querer que continue. De como não sei como agir quando outras pessoas estão por perto. Da raiva que sinto quando alguma fulana se aproxima e você dá corda. De como o final de semana demora a chegar quando a gente marcou alguma coisa e de como ele demora uma eternidade para passar quando você está fora. Do fato de você também amar cachorros. Gosto de quando você me mostra o quanto eu ainda não sei sobre nada. Quando me beija primeiro na bochecha. Quando diz que eu te torturo de um jeito bom.

Acho que gosto de você por você não ter gostado de mim logo de cara.

Tenho um monte de coisa para te contar, mas aprendi em um livro que, quando a gente realmente se importa, precisa ir devagarzinho. Para não assustar. Você tem que me descobrir, por isso não quero que saiba de tudo o que acabei de escrever. Porque ainda não sei se é hora de escrever *sobre* e *para* você. É?

É que eu te vi no metrô

Eu esperava alguém quando você sentou ao meu lado pela primeira vez. O barulho do metrô era perturbador, e eu estava tentando me concentrar para conseguir entender o último parágrafo da página 36 do meu novo livro. Era algo sobre a morte do irmão da personagem principal. Você cheirava a desodorante barato, e a primeira coisa que meus olhos me mostraram foi sua nuca. Respirei fundo, depois reparei na sua pequena pinta do pescoço e nos pelos do seu casaco cinza. Não sou um Sherlock Holmes nem nada, mas não foi difícil perceber que você era do tipo de cara que tem animais de estimação em casa. Muitos deles. Presumi que você também estava esperando alguém, pois não parava de olhar para a direita. Eu estava à sua esquerda.

"Atchim!"

"Saúde."

Aquela foi a primeira palavra que sua boca, ainda completamente inexplorada, me disse. Confesso que eu detestava quando as pessoas, principalmente desconhecidos, me diziam "saúde", porque dá a impressão de que vamos morrer a qualquer momento. Eu sei que nós corremos esse risco, todos nós, mas por que diabos precisam ficar nos lembrando disso? Como se não bastasse o verso do cigarro da minha mãe e o Jornal Nacional.

Dei um sorriso torto e virei a página do livro, sem nem mesmo entender aquele último parágrafo. Foda-se. Talvez eu nem estivesse realmente a fim de saber a continuação daquela história ou talvez, sendo sincera, quisesse te impressionar um pouquinho. *Ela gosta de ler.* Agora você já deve ter percebido, mas eu gosto de impressionar as pessoas. Como não tenho coisas interessantes para contar, apenas viro páginas. Deus, como isso é idiota!

Seu celular tocou e você deu as coordenadas para que a tal pessoa te encontrasse na estação.

Banco verde-água. Últimos vagões. Sentido Vila Prudente. Perto do mapa.

Aquilo me deixou decepcionada, pois eu estava gostando dessa coisa de flertar com um total desconhecido. Naquela época eu não saía muito de casa, né? Então, apreciava bastante esses pequenos prazeres bestas. Lembro que cheguei a arrumar minha franja umas três vezes e também imaginei se eu estava bonita do ângulo em que você me encarava incessantemente. Porque eu sei, eu senti.

Uma garota sempre sabe quando um cara está olhando.

Torci para que a pessoa desconhecida que estava prestes a chegar fosse uma senhora com verrugas, muitas camadas de roupa e um daqueles sapatos ortopédicos beges. Sua mãe, talvez. Torci também para que não fosse um rapaz. Porque aí você entraria para a extensa lista de garotos homossexuais que conheci nos últimos tempos. Nada contra, sabe? Eles são incríveis e me fazem rir com aquelas comparações sem fundamento das "divas" do universo pop.

Você não tinha cara de quem curtia Lady Gaga, mas, durante a ligação, descreveu o banco como "verde-água". Desculpa, mas até então eu não havia conhecido um homem hétero que soubesse diferenciar essas coisas. Para falar a verdade, nem eu sei. Sempre acho que é verde, quando na verdade é azul e vice-versa. Talvez fosse um pintor.

    Imaginei você em um apartamento parcialmente vazio com muitos potes de tinta na mesa de madeira, fotos coladas na parede, Engenheiros do Hawaii e uma tela em branco. Depois me veio a imagem de você me pintando em aquarela e minha mãe comentando que eu deveria pendurar na copa lá de casa. Eu estava tão distraída imaginando o futuro que nem reparei que você havia ido embora.

    Aquela foi a primeira vez que a gente se viu. Que eu te vi. Vinte e quatro de agosto de dois mil e treze. Fazia frio, Dilma era a presidente do Brasil, seu governo tinha 38% de aprovação, minha amiga estava muito atrasada e eu usava um esmalte preto fosco. Foi quando me apaixonei. Mas com você só aconteceu depois. Alguns meses depois. Em uma varanda da Vila Mariana, enquanto eu faltava ao cursinho de inglês.

    Eu olhei e logo reconheci.

    Você me encarou e cochichou para o seu amigo que tocava violão sentado na janela (o Toninho). Disse bem baixinho que nunca havia visto uma garota tão linda assim antes. Eu apenas ri.

O dia em que eu me apaixonei pela liberdade

Na aula de história me ensinaram o significado da palavra liberdade. Talvez até tenha caído em alguma prova do ensino fundamental. Anos depois, durante as aulas semanais de filosofia, um professor me contou o que Descartes, Leibniz e Karl Marx pensavam a respeito. Quase todos os meus amigos achavam um saco tanta teoria – e confesso, às vezes eu também.

Algumas coisas que nos contam na escola só começam a fazer sentido quando damos o primeiro passo em direção ao mundo dos adultos. Essa perspectiva mais real da vida, que a gente tem principalmente quando não pode mais passar os maiores problemas para os nossos pais, é a primeira batalha da guerra interna que se inicia dentro da gente e que, levando em consideração os papos que tenho com minha vó, dura nada mais nada menos que toda a nossa existência. Vocês vão me achar louca por fazer essa analogia e comparar grandes conflitos da história com os pequenos aborrecimentos do cotidiano. Mas sabe em que eu andei reparando? Tudo gira em torno da mesma coisa: a independência. Seja de uma nação, de uma família, seja do pobre coitado do nosso coração.

Vixe!!!

Confesso que as coisas ainda são meio confusas para mim. É que não faz tanto tempo que eu saí de casa, né? Digamos que eu ainda estou aprendendo a lidar com esse silêncio todo e que a rotina de trabalho (graças a Deus) não tenha me deixado pensar naquelas coisas ruins que normalmente fazem a gente olhar para trás. Tenho a sorte de ter uma família incrível que sempre me apoiou e, talvez, também de ter nascido tão longe daqui, no interior e ainda em outro estado. Como assim? É que a minha segunda opção nunca teve a menor chance com esta cidade.

São Paulo é o cenário dos sonhos de qualquer garota que tenha grandes planos. Só que quando você se muda para cá percebe que a vida longe da sua antiga realidade não é exatamente o que você tinha imaginado. Quero dizer, as festas incríveis acontecem, os shows internacionais também, mas isso não quer dizer que você vai (querer) fazer parte disso, sabe? Às vezes falta grana, às vezes falta é vontade de sair de casa depois de uma semana exaustiva de estágio, faculdade, trabalho, etc. As pessoas aqui estão sempre muito ocupadas – e eu estou me colocando nesse grupo. Tive conversas sobre esse assunto com pessoas de diferentes idades e realidades e... Adivinhem? Acontece com todo mundo.

Todos nós estamos olhando para esse mesmo pôr do sol laranja no final do dia enquanto respiramos o ar poluído – para quem não sabe, motivo de a vista ser tão bonita assim. Estamos escutando nossas músicas preferidas no fone de ouvido com o pensamento longe enquanto não chega a estação certa do metrô ou enquanto o semáforo não abre. Estamos reclamando mentalmente do trânsito e desejando que amanhã faça menos frio que hoje.

E você achava que era totalmente diferente das pessoas que atravessam a rua diariamente com você, né? Risos. Eu também. Aí, num belo dia, durante uma conversa sem muita pretensão, descobri que todos nós nos parecemos muito por dentro e que o que nos diferencia é a maneira como mostramos isso para o mundo. Somos livres para mostrar o que quisermos e como quisermos. Essa liberdade pela qual as outras gerações tanto lutaram é linda e é um dos motivos de eu continuar amando viver aqui.

Independência é o poder de escolha, meus caros. Ter a liberdade de ir e vir, escrever e cantar, levando em consideração nossas próprias vontades. Às vezes, isso se parece muito com solidão, eu sei, mas gosto de pensar que tem mais a ver com honestidade: estar onde a gente realmente quer estar.

O assalto

"Isto é um assalto."

"O quê?"

"Um assalto, oras. Precisa me dar as coisas valiosas que você tem aí. É. Você precisa me dar agora mesmo."

"Isso só pode ser uma brincadeira."

"E eu lá tenho cara de quem brinca, menina? Sou um ladrão, daqueles que você vê no Jornal Nacional, um ladrão muito malvado que pode fazer coisas terríveis."

"É que você não tem cara de ladrão."

"E desde quando ladrão tem cara?"

"Todo mundo tem uma cara. A sua não é de ladrão."

"Okay. Estou cansando desse papinho. Eu não preciso que você acredite que eu sou um ladrão, preciso que você me entregue suas coisas."

"E se eu não entregar?"

"Você não faria isso."

"Já não estou fazendo."

"Como se atreve? Uma garotinha como você, tão bem vestida e cheia de frufru, deveria ter muito medo de mim."

"Eu não tenho medo das pessoas."

"Deveria."

"Todo mundo nasce igual, né?"

"Mas as pessoas fazem escolhas erradas."

"O que não significa que elas vão fazer de novo."

Já parou para pensar que o que todo mundo quer na vida é se sentir um pouquinho especial? Cada um tenta da sua maneira.

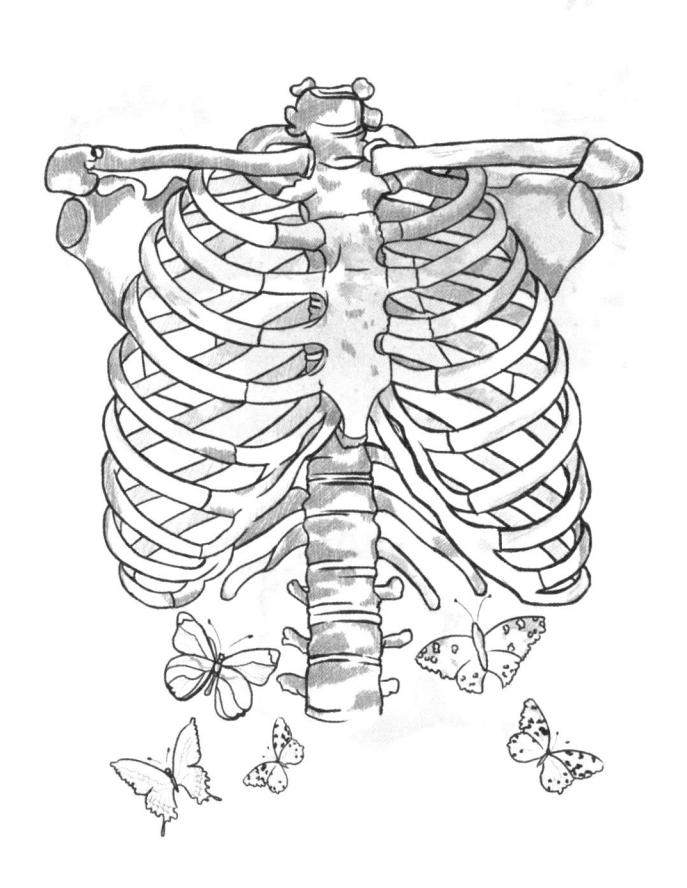

Teorias

"Por que então não coloca em prática toda essa teoria?"
"Corro riscos."
"Quais?"
"Posso descobrir que sempre estive errada."
"E desde quando isso é ruim? Talvez você consiga consertar as coisas."
"Nem tudo."
"Você ao menos tentou?"
"Algumas coisas simplesmente não dependem da gente."
"Engraçado ouvir isso de você."
"Por quê?"
"É que você, garota, sempre esteve no centro de tudo."
"Se quer saber, estar no centro não significa tanto assim no final das contas. Você pode ter grana, um lugar legal para morar e um milhão de pessoas que querem saber sobre a sua vida incrível, mas isso não é tão reconfortante quanto parece. É uma ilusão que a gente cria quando ainda existe uma certa distância entre quem somos e quem sonhamos ser."
"Conheço garotas que matariam para estar no seu lugar."
"Conheço garotas que se matariam se estivessem no meu lugar."
"Qual é o problema?"
"Não existe um problema. Digo, existem, sempre existem problemas. Mas com eles eu me resolvo na segunda. Só que às vezes demora demais para chegar segunda."

"Tem a ver com a solidão?"

"Eu gosto de estar sozinha. Gosto de não ter que fingir."

"Você não precisa ser assim com todo mundo. Quero dizer, existem pessoas que gostariam de te conhecer de verdade. A verdadeira você."

"Eu nem tenho certeza se algum dia eu fui de outro jeito."

"Isso é só uma casca."

"Você não vai fazer uma metáfora, né?"

"E você caiu da árvore cedo. Para sobreviver, precisa ter uma casca espessa e rígida. É aceitável. Alguns caras gostam dessa confusão. Quer dizer, isso não faz de você uma má pessoa. Eu diria que te torna mais interessante."

"Ótimo. Você realmente está fazendo uma metáfora."

"Tem medo de que não gostem de você?"

"Eu não ligo para o que pensam."

"Então você deveria encontrar alguém que te faça ligar."

"Isso é ridículo. Para você a solução de tudo está nos outros."

"Na verdade a solução está no que os outros nos fazem sentir."

"Isso é temporário, idiota!"

"A vida é temporária."

Nós ficamos em silêncio por alguns minutos até que ele aumentou o volume do rádio. Era aquela maldita música da banda Radiohead. Virei a cabeça para o lado e comecei a reparar na paisagem. A janela do carro estava aberta, e meu cabelo dançava com o vento. O dia estava lindo. Apesar de tudo, o dia estava exatamente como eu queria antes de dormir na noite anterior.

Sou uma garota pra ficar

Logo que me mudei para São Paulo, em uma das tradicionais conversas no sofá da sala com minha antiga *roommate*, chegamos pela primeira vez no assunto relacionamentos. Eu tinha acabado de terminar um namoro de dois anos e estava louca para desabafar. Talvez o papo tenha começado com um simples "hoje no meu trabalho meu chefe…" e minutos depois lá estávamos nós tricotando sobre o amor e suas peripécias. Aliás, acho difícil uma conversa entre duas garotas não cair nessa pauta, viu? Todo mundo tem um conselho para dar ou uma boa história para compartilhar.

* coloca alguma música do John Mayer para tocar *

Nós pensávamos diferente e, por incrível que pareça, essa era a parte mais legal dos diálogos. Eu costumava ser muito romântica, e ver alguém encarar o amor de outra forma, mais leve e desapegada, me deixava meio intrigada. Nunca busquei um relacionamento típico de contos de fadas com príncipe encantado e cavalo branco, mas quando o assunto é se relacionar com alguém, normalmente levo a coisa toda muito a sério. Mergulho de cabeça, transformo sentimentos em palavras e ainda compartilho músicas fofinhas nas redes sociais. Não sei se isso tudo é uma característica minha, da forma como fui criada ou do lugar em que nasci (interior de Minas, uai!). Sempre foi assim e pronto. Não passou pela minha cabeça mudar porque as pessoas com quem ando agora, geralmente mais velhas, pensam diferente. Eu não acho que estava errada e ela certa ou vice-versa. Nós apenas vivíamos fases diferentes da vida.

Fases. Guardem essa palavra.

Me lembrei dessa história quando vi a polêmica do "garota pra ficar ou pra namorar" rolando nas redes sociais. Sou colunista da *Capricho* e, óbvio, várias pessoas me mandaram o link da matéria pedindo uma opinião. Então toma!

A teoria é bonita, principalmente quando tentam exemplificar na ficção, mas na prática e no mundo real, onde os relacionamentos duram mais que duas ou três horas (e temporadas), não existem mulheres ideais. Seguir um script é besteira, sabe? Pessoas não são como peças de roupa, que precisam de etiquetas para ser diferenciadas. Nossos valores reais estão nas atitudes que tomamos, naquilo em que acreditamos e nos outros detalhes que deixamos o outro conhecer aos pouquinhos. Somos todos, mulheres e homens também, um mix de lembranças, dramas e sonhos. É maldade deixar que nos dividam em categorias.

Os rótulos nos limitam e se transformam em muros de concreto. Essa estrutura, para muitos completamente invisível, nos separa de quem poderia ser o amor da nossa vida ou, sei lá, um excelente amigo ou amiga. Já vi essa situação acontecer tantas vezes ao meu redor!

Who cares para tudo isso quando o coração está batendo mais forte ou a luz do quarto está apagada? Meus caros, a vida é muito curta para a gente ficar se importando tanto com o que vão pensar. Sabe o que eu descobri dia desses? No final das contas, as pessoas enxergam o que querem enxergar.

Humpf!

Você acha que me conhece porque me viu vestindo tal roupa? Acha que me conhece porque me viu dançar até acenderem a luz da balada? Acha que me conhece porque naquele dia eu não estava a fim de papo? Então sai pra lá agora mesmo com seus achismos e tanta ingenuidade. Não sei nadinha sobre você, isso é verdade, mas posso dar um conselho de amiga? São apenas fases. Você está em uma, eu estou em outra. *Get over it.*

Ah, e antes que eu me esqueça, sou, sim, uma garota pra ficar. E se tudo der certo e o cara me fizer feliz na maior parte do tempo, pasme, namorar também.

Meu jeitinho.

A lição

"Você sempre se referiu à gente como se fôssemos acabar uma hora ou outra."

"Eu estava errada?"

"Mas naquela época não tinha como saber."

"É que eu não acredito em pra sempre."

"Eu acreditava."

"Não! Você apenas tinha certeza de que eu sempre ficaria ao seu lado. Isso é diferente de acreditar no pra sempre."

Ele ficou em silêncio.

"Eu era como o seu cinto de segurança. E quando eu não pude estar lá, você pisou no acelerador e destruiu tudo. Nós morremos. Eu vivi."

"Queria tanto poder voltar no tempo!"

"Você faria outras escolhas erradas. A vida se trata justamente disso. Precisamos abrir mão de coisas e pessoas para que as lições sejam compreendidas e nós finalmente possamos crescer."

"Eu não queria abrir mão de você. Nunca quis. Eu jogaria todo o resto fora, seria aquele menino pra sempre, tudo para ter só mais uma chance."

"Então você ainda não aprendeu a lição. Você me perdeu à toa."

O que é o amor, afinal?

O amor é uma armadilha.
É um risco.
Uma curva.
A estrada.
É viajar sem fazer as malas.
É carregar todo o peso do mundo dentro do peito.
Às vezes é segredo.
É um grito.
Um sussurro.
Uma eterna despedida.
É nunca olhar pra trás.
Não saber diferenciar o antes do depois.
É escorregar no agora.
Cair, cair e cair.
O amor é mudança de planos e sentidos.
Tem gosto, cheiro e forma.
Para mim ele é meio cinza.
Eu vejo todas as cores do arco-íris.
O amor é tudo.
Mas ele também pode fazer você se sentir um nada.

O dia em que ouvi minha música predileta pela primeira vez

Arrastei meu corpo um pouquinho para o lado, mas não muito, porque não queria que ele percebesse minhas reais intenções. Não que meus sentimentos fossem segredo, sabe? É que eu não queria ser a pessoa do (talvez eu deva colocar aspas na próxima palavra) relacionamento que mais se entrega e se envolve. Não daquela vez. Nossos braços se encostaram aos pouquinhos. Nessa hora, ele segurou minha mão e começou a acariciá-la com as pontas dos dedos. Eu conseguia sentir suas unhas arranharem de levinho minha pele e isso me deixava meio tonta. Como se eu estivesse bêbada – mas, juro, eu não estava. Nem uma gotinha de álcool. Não sei se é normal ou se estava ficando louca, mas ele me causava uma espécie de embriaguez. Uma vontade de nunca mais voltar para casa.

Era quase meia-noite e nós ainda estávamos em silêncio. Havia um céu estrelado e o incessante barulho de algum bicho, mas eu nasci e cresci na cidade grande, né? Não conseguia identificá-lo de jeito nenhum. Talvez fossem cigarras, ou grilos, ou corujas... Tanto faz. A grama estava pinicando um pouco minha perna direita, então supus que também houvesse formigas, mas nem me importei.

Apenas varri minha mente em busca de algo interessante para dizer, algo que nos levasse a algum assunto, e que isso o fizesse falar. Não tenho certeza se realmente existem mais pessoas assim por aí, nunca conheci, mas ele era um daqueles caras que não abrem a boca por acaso. E isso era incrível, mas, ao mesmo tempo, uma droga, porque a voz dele fazia meu coração acelerar. Não sei se era o sotaque, o timbre ou o que ele dizia. Cada detalhe importava. Como não falava muito, eu gostava de prestar bastante atenção. Olhar atentamente os lábios se movimentarem pra cima e pra baixo. Porque talvez aquelas poucas palavras quisessem dizer mais do que suas acepções no dicionário. Talvez, naquela ordem, houvesse pistas.

Deixei escapar alguma coisa boba, acho que uma piada sobre o filme a que assistimos mais cedo, e ele apenas riu. Na hora não entendi se foi para mim ou de mim. Um sentimento péssimo preencheu meu peito. Uma culpa devastadora, que às vezes só durava dois segundos. Não era a primeira vez. Na verdade, era sempre assim. Eu dizendo bobagens e me sentindo uma imbecil logo depois. Acho que quando gostamos de verdade de alguém dizemos apenas as coisas erradas. E temos que torcer para que a pessoa goste de volta, porque aí ela nem vai se importar tanto. Talvez até ache fofinho.

Instantes depois ele se virou, colocando boa parte do corpo contra o meu. Eu conseguia sentir nossos pés gelados se encostando e também as nossas cinturas. Um encontro de ossos, já que ambos éramos magros demais. Havia um cheiro doce no ar, talvez a mistura dos nossos perfumes. Ou as flores do campo. Nunca soube ao certo. Ele estava olhando fixamente para mim, tão próximo que eu nem conseguia focar. Os fios do meu cabelo estavam espalhados pelo chão quando ele acariciou lentamente o meu rosto. Como se quisesse dizer alguma coisa, mas com as mãos. Senti meu coração disparar e fiquei com medo de que ele pudesse notar isso de alguma forma, já que estávamos tão próximos e os batimentos realmente pareciam intensos. Se bem que, talvez, não fosse só o meu coração que estivesse inquieto.

Ele não queria dizer com as mãos. Ele queria dizer com a boca. E disse. Fez.

Dizem que o amor é algo que o ser humano inventou para ocupar a própria mente enquanto faz besteiras por aí, mas sinceramente acho que nós só nascemos para viver momentos como aquele. Infelizmente ou felizmente, tenho minhas dúvidas, a mágica não acontece sempre. Para algumas pessoas, duas ou três vezes na vida. É como ouvir a sua música predileta pela primeira vez. Às vezes você se dá conta instantaneamente do quão incrível ela é. Simplesmente. Às vezes, é preciso viver coisas para que ela faça algum sentido para você.

Durante a vida, centenas de músicas vão engolir o seu silêncio. Vão te fazer dançar. E, eu juro, será divertido no final das contas, mesmo depois que você acordar no outro dia, mesmo que não se lembre de todos os detalhes. Algumas delas fazem o tempo passar mais rápido. No entanto, a música que conseguirá te fazer fechar os olhos automaticamente e ouvir o coração daquele jeito, a única, você sabe, eu soube, é aquela.

Insônia

No colégio, eu achava que não conseguiria entender álgebra e mecânica quântica. Aí, numa dessas noites frias em que me obrigaram a sair de casa, eu conheci você e esses olhos azuis sempre tão inquietos. Não foi amor à primeira vista. Porque, sinceramente, eu te achei meio besta. Algo em você me incomodava. Talvez a vontade de provar para todo mundo que você não precisava provar nada a ninguém. Pois é. Te achei arrogante. Perguntei baixinho para aquele nosso amigo que nos apresentou como ele te aguentava há tanto tempo, e ele me respondeu em outras palavras o que agora, só agora, eu entendi: você é o tipo de cara que a gente precisa explorar.

Primeiro fisicamente. Porque você se veste exatamente como se vestia quando era um pirralho. Vi suas fotos. Isso é tão ridículo que eu tenho vontade de tirar peça por peça toda vez que você entra por aquela porta e me olha por cima dos óculos, com cara de quem sabe o que estou sentindo mas não dá a mínima. É tão assustador nunca ter essa certeza! Suas curvas desvirtuaram meu horizonte. Olho da janela a todo instante, são tantos prédios, tantas luzes, e um deles é o seu, uma delas é a sua. Será que ainda está acesa a essa hora? É tão ruim quando não te vejo apagá-la!

Digo que é insônia, que preciso ir ao médico o quanto antes, mas o nome disso é paixão.

Desculpa! Já tivemos essa conversa, e o combinado foi ninguém se envolver. O problema é que se tem uma coisa que as comédias românticas me ensinaram é que esse acordo não funciona no final das contas. Nosso coração já está preso dentro do peito, lembra? Ele não dá a mínima para as leis que o cérebro inventa.

Talvez o seu esteja por aí.

Eu fico lendo as nossas conversas antes de dormir. Só para ter certeza de que não estou ficando louca. Mas isso, admito, tem me enlouquecido. Porque me sinto uma idiota deixando pistas por toda parte. Dizendo tantas besteiras só para você achar graça. Isso não me faz ser quem ela foi, não é mesmo?

Queria que você não acreditasse mais em fantasmas.

Repare bem, tem um outdoor em frente à janela do seu quarto. Uma frase na camiseta que te dei. Mais do que um refrão na música que ouvimos e cantamos juntos aquela vez. Eu realmente não compreendo. Se você é mesmo a pessoa que mais me entende no mundo, já deveria ter percebido o que todos os outros estão cansados de saber. Eu tô na sua. Eu tô completamente na sua. Tô mais na sua que na minha, se quer saber.

Isso te assusta? Pois eu também estou com medo.

Sobre não gostar de alguém

Não gostar de uma pessoa é absolutamente normal. Digo, não concordar com valores, metas, sonhos, estilo, personalidade, jeito de levar a vida, jeito de escrever, gosto musical, atitudes, etc. Também acho normal (não saudável) ter um recalquezinho enrustido aqui ou ali. Agora, meus amigos, fazer questão de externar esse sentimento diariamente (para a pessoa e para os outros ficarem sabendo) é doentio e muuuuuuuuuito feio.

Não gostou? Okay. Na internet existe uma coisa maravilhosa chamada *unfollow*. Equivale ao famoso "trocar de calçada" (80% de chance de a pessoa nem perceber ou nem se importar).

Penso assim: se você não gosta de alguém, ou algo nesse pequeno ser humano te incomoda tanto assim, resolva esse problema (sim, é um problema!). Vale uma conversa totalmente sincera (é libertador), um psicólogo ou, sei lá, conheça novas pessoas que ocupem seu tempo (recomendo).

Se sicrano realmente for mentiroso, feio, medíocre, fedorento, burro, hipócrita, desnecessário, fútil e todas as outras coisas que você pensa, não se preocupe nem gaste seu precioso tempo com indiretas, mimimi e fofoca. A vida vai devolver mais cedo ou mais tarde, tá?

(E isso continuará não sendo um problema seu.)

Para afastar
os mesmos pensamentos de sempre,
faça coisas que você
não faria antes.

Quem te perguntou?

O blog me faz ficar pelo menos seis horas por dia no computador. Isso inclui, óbvio, além do meu próprio domínio, todas as redes sociais que estiverem fazendo sucesso no momento. Estou no Tumblr, no Twitter, no Facebook, no Flickr, no Last.fm, no Lookbook, no Instagram, no YouTube e, se quando você ler este texto tiverem inventando outra rede social e os brasileiros estiverem usando, também estarei lá. Fui praticamente alfabetizada na internet e desde que o *Depois dos Quinze* se tornou meu trabalho oficial, entendi que ter esse contato direto com as pessoas que me acompanham é essencial.

Quem me segue por aí sabe que parte do que faço é falar sobre os bastidores do que faço. Algumas pessoas menosprezam o título de blogueira, ligando logo esse *share* diário a ostentação e soberba, mas eu não enxergo as coisas desse jeito. Aliás, precisamos parar de ser tão cricris e ver tudo do pior ângulo possível, buscar sempre um defeito, o lado negativo da coisa. Quando foi que nos tornamos tão chatos e críticos? É óbvio que, como em qualquer outra profissão, existem profissionais e profissionais. Generalizar é sempre um equívoco, principalmente quando estamos falando de seres humanos.

Já que falamos disso, às vezes acho que as pessoas se esquecem de que somos da mesma espécie e também temos sentimentos. Quando digo "somos", incluo também as pessoas que simplesmente gostam de compartilhar coisas na rede e não ganham nadinha por isso. Se a gente parar pra pensar, hoje em dia todo mundo é meio blogueiro, né? Looks do dia no espelho do elevador, esmalte da semana, a dica daquele restaurante fantástico ao qual você foi no final de semana ou sua última aquisição, uma câmera que tira fotos incríveis sem precisar de tanta técnica. Que mal há em postar sobre isso? Segundo algumas pessoas, há muitos.

É uma nova era, meus caros, e talvez lidar com tanta informação ao mesmo tempo não seja tão simples quanto parece, principalmente com o campo de comentários ali o tempo todo, totalmente em branco, implorando pela opinião alheia. Com o escudo do anonimato, às vezes sem isso também, as pessoas parecem se esquecer dos valores em que acreditam e que defendem quando estão fora do computador. Como se o respeito não fosse necessário no ambiente virtual.

Respeito é bom em qualquer lugar.

Se ter a aprovação dos nossos pais para tudo que fazemos é difícil, eles que nos amam mais que qualquer outra pessoa no mundo, imagina dos nossos trezentos e pouco conhecidos (não amigos) nas redes sociais? Impossível.

Quando eu era mais nova, meus amigos usavam o "Quem te perguntou?" para tirar alguém da conversa de um jeito nem um pouco educado. Fico pensando se ainda posso usar essa expressão.

Tudo o que eu tenho

Eu tenho uma casa em que faltam móveis e que vive bagunçada, mesmo que eu passe a madrugada arrumando. Tenho um caderno de anotações na cama que me faz companhia toda noite. Quando eu penso-penso-penso e não entendo, pego a caneta, tiro a tampa com a boca e escrevo. A maior parte das coisas é bobagem. Algumas delas eu deveria tratar em terapia. O resto, meu bem, só alguém que eu ainda não conheço entenderia.

Eu tenho uma penca de amores não resolvidos e pratos para lavar. Mas acho que eu gosto um pouquinho desse sentimento de pendência que ocupa e preenche aquele velho vazio. Meus textos não seriam meus textos sem meus dramas, então não me desfaço deles tão rápido e tão facilmente. Lidar com a dor é algo que me faz sentir viva. Mesmo que isso quase me mate.

Eu tenho uma família linda, dentes retinhos como eu sempre quis e um monte de história para contar. Meu cabelo cresceu, eu atravessei o oceano algumas vezes e deixei de lado aquela vergonha do meu próprio corpo. Às vezes, ainda digo bobagens e sou contraditória, guardo umas mágoas bestas. Mas Deus me livre de ser sempre tão correta!

Eu tenho uma estante na sala cheia de livros que ainda não li, mas sempre que vou à livraria não resisto, compro mais três. Acho que é porque eu gosto de saber que existem novos títulos ali, me esperando, para quando eu estiver pronta para cada um deles. Porque eles me entendem e esperam. Porque eles não vão fugir.

Eu tenho um monte de sonhos que sonhei sozinha e agora quero realizar com alguém. Tenho também um monte de e-mails não lidos, ligações não atendidas e coisas para resolver na rua. Coisas que só dependem de mim, mas eu ando precisando de um tempo. Porque essa pressão tem deixado meu corpo no automático e minha alma no silencioso.

Eu tenho uma gaiola de costelas que protegem meu coração. É tão frágil! Se eu estiver distraída com os fones de ouvido, um ônibus pode me atropelar. Ou eu simplesmente posso atravessar a rua e me apaixonar por um cara misterioso que não dá a mínima para o que sinto. Não existe nenhuma garantia. Quando foi que eu assinei esse contrato? As letras miúdas diziam que a felicidade é uma questão de ponto de vista, mas eu não sei direito se consigo alcançar.

Tudo bem

"Tudo bem com você?", ela me perguntou, enquanto abria a geladeira mais uma vez, só para checar se havia algo bom para comer escondido em algum canto. Talvez atrás da margarina. Como se os alimentos tivessem vida própria e saíssem do mercado em direção à nossa casa. Pior: como se tivessem feito isso no intervalo de tempo em que abriu a geladeira pela primeira vez e decidiu ir ao banheiro checar se o chuveiro ainda estava pingando.

Peguei a almofada que estava ao meu lado, tirei o chinelo dos pés e encostei minha cabeça em um dos braços do sofá. Fazia frio, então abracei minhas pernas e continuei olhando fixamente para a frente. Não respondi aquela pergunta. Acho que porque o silêncio era uma resposta mais apropriada. Teoricamente, nada mais estava errado. Eu não tinha um motivo para dizer que não estava bem. Pelo menos não um motivo que fizesse sentido para as outras pessoas. Minha dor era tão particular, tão específica, tão minha e, ao mesmo tempo, tão besta! Seria mais fácil se eu pudesse culpar alguém como todas as outras pessoas fazem, mas eu não sei me enganar. Para falar a verdade, acho que ninguém sabe. Eles só fingem para que os outros pensem o contrário.

Fico imaginando se só eu perco meu tempo percebendo essas coisas.

A televisão estava desligada, mas eu conseguia ouvir a voz do apresentador graças à possível surdez do senhor meu vizinho que mora no 81. Era um daqueles programas de auditório que passam em qualquer canal durante as tardes de sábado. Sei muito bem que esse é um jeito que encontraram de nos fazer sair de casa e socializar com o resto do mundo, mas eu tenho tanta preguiça de contar minha história! Eu sei, no final das contas, é isso o que as pessoas querem saber quando se aproximam. Primeiro como estou, por educação. Depois, como tudo aconteceu. Não basta o que contaram no jornal. Não basta o que inventaram.

Eu guardo os detalhes só para mim.

Era cedo demais para jantar e tarde para esquentar o almoço no micro-ondas. Mesmo depois de tanto tempo – o ponteiro maior do relógio havia girado já onze vezes – isso significava que eu teria de esperar de outro jeito. Me distrair com alguma bobagem. Fechei os olhos e tentei pensar em algo novo. Mas, quando se está apaixonado de verdade, qualquer silêncio ou pausa é um convite para viajar no tempo: reviver mentalmente os melhores momentos ou fazer planos para o futuro. Como eu queria ter as duas opções de novo! Essa foi a última coisa que pensei naquele fim de tarde, antes de finalmente adormecer.

O que traz felicidade?

"O que te traz felicidade?", ele perguntou.

Realizar um sonho. Pintar a unha do pé de vermelho. Beber suco de melancia antes de o prato principal chegar. Sentir o cheirinho da janta sendo preparada pelo meu pai às 17 horas. Me identificar com uma frase legal em algum novo livro e grifá-la. Comer sozinha um cacho de uvas docinhas. Biscoito de maisena mergulhado no iogurte grego. Pessoas sinceras que, em vez de só dizerem o que pensam, agem como dizem. Casa arrumadinha e chão limpo. Assistir ao pôr do sol e fotografá-lo. Quando dizem que meu cabelo cresceu. Descobrir que não esqueci o fone de ouvido em casa. Mensagem no meio da madrugada. Ter tempo de passar na livraria com calma. Editar fotos antigas. O latido da Zooey. Frozen yogurt com nozes, morango e Negresco picado. Roda-gigante. Ter ideias em vez de conseguir dormir. Observar a noite em São Paulo, mesmo que de dentro de um táxi. Final de semana sem compromissos marcados. Os agradecimentos do livro. Acordar com a luz do sol e ouvindo passarinhos. Uma temporada inteira de qualquer série durante a madrugada. Dizer coisas em silêncio, com o olhar. Pelúcias cheirosas. Quando o telefone toca e não é para mim. Borboletas no estômago. Rodízio no restaurante japonês. Andar de patins no Parque Ibirapuera.

Cafuné da minha mãe. Fazer uma nova tatuagem. Quando consigo confiar de verdade em alguém. Ouvir uma música que traduz o que sinto. Ter meu próprio dinheiro para pagar a conta. Posar para fotos. Estampa de andorinhas na vitrine. Colocar cílios postiços de primeira. Escrever o último parágrafo de um texto. Dançar sozinha na frente do espelho. Regina Spektor. Batom vermelho. Quando estão falando uma língua que não conheço por perto. Cortar as unhas e usar o teclado pela primeira vez. Quando alguém importante para mim curte a foto. Comprar coisas para casa no shopping. The O.C. Quando alguém gosta da minha chatice. Coturnos. Viajar observando a estrada, no banco da frente. Quando estou decidida. Todos os e-mails respondidos. Quando decoro a letra da música. Aprender alguma coisa nova que ajuda no trabalho. Farofa com muito ovo. Beijo no olho. A ansiedade de viajar para algum lugar novo. Quando abro a porta e vejo o quarto do hotel pela primeira vez. Dormir a viagem toda. Cama elástica. Quando estou só e não me sinto sozinha.

"A paz", respondi.

O primeiro dia

Aquela era a primeira aula depois das férias de julho. Jasmine havia passado o último mês trancada em seu quarto, imaginando e talvez criando maneiras de adiar sua volta para o colégio. Talvez ela quisesse apenas mostrar para os pais o quão difícil era enfrentar tudo aquilo sozinha. Temo que eles não tenham nem reparado na tentativa. Foi um ano difícil para todos, e os adultos, você sabe, os adultos estão sempre ocupados com o trabalho, o trânsito, a poluição, o governo, a conta de gás.

Jasmine só precisava ser uma adolescente normal, ter um ídolo passageiro como todas as suas amigas e passar de ano. O que poderia deixá-la aflita senão a opção de sobremesa após o almoço? Bem, pelo que eu soube, ela não comia havia dias.

Quando o sinal tocou, todos já estavam dentro da sala de aula. Algumas carteiras permaneciam vagas, pois uma parte dos alunos, como já era de costume naquela época do ano, ainda não havia voltado de viagem. Só retornariam ao colégio na próxima segunda. Enquanto abria sua mochila, Jasmine resmungou mentalmente. O mundo não era justo. Afinal de contas, de todos ali naquela sala, ela era a única que tinha motivos reais para fazer aquilo.

A professora entrou na classe e pediu silêncio. A maioria dos alunos estava em pé, próximos às carteiras de seus colegas, formando assim pequenos grupos que poderiam ser divididos em: nerds, garotas bonitas, garotos bonitos, os estranhos e os casais. Nossa garota apenas observava. Nunca conseguiu fazer parte de nenhum deles por mais de uma semana. Todos falavam ao mesmo tempo, mas Jasmine só conseguia prestar atenção em uma das conversas.

Depois de dar boas-vindas e fazer a tradicional contagem de alunos, dona Madalena declarou que em razão do significativo número de faltas, não poderia passar matéria de prova. Talvez nessa hora Jasmine tenha sussurrado um palavrão. Por sorte ninguém ouviu. Enquanto distribuía papéis em branco, a professa explicou que todos fariam um trabalho e que ele contaria como ponto extra caso os alunos precisassem de ponto no final do semestre. Era algo simples, mas eles precisariam se comportar bem e desfrutar do seu raro bom humor; caso contrário, mudaria de ideia e começaria a ditar algum conteúdo antigo.

Todos ficaram em silêncio até o momento em que dona Madalena anunciou que o trabalho seria em trio. Em menos de cinquenta e cinco segundos, carteiras arranhavam o chão, e todos pareciam já ter encontrado seu grupo. Enquanto isso, Jasmine ainda nem tinha assimilado direito as últimas palavras ditas em voz alta pela professora. Era só um trabalho, mas como praticamente tudo da época de colégio, uma demonstração *easy mode* de como seria a vida depois que ela não tivesse mais que acordar todos os dias para estudar matemática: continuar se adaptando aos outros e se encaixando nos pequenos lugares onde ela não tem certeza se cabe.

Borboletas

A gente nunca tem certeza absoluta do impacto que terá na vida do outro. Se pararmos para pensar, o simples fato de existirmos já é o suficiente pra transformar completamente a vida de algumas pessoas. É inevitável. Chegamos neste mundo sem nenhuma lembrança e precisamos descobrir como é que se faz para escrever uma boa história. Elegemos os personagens principais das nossas melhores páginas, mas às vezes eles só querem ser figurantes, e somem antes do próximo parágrafo.

Escolhemos o cenário perfeito, descrevemos e mentalizamos cada detalhe, muitas árvores e o som da cachoeira, mas às vezes precisamos nos mudar para longe. Muito longe.

Quando passamos a ser independentes, nossos sonhos se tornam uma bússola, e vamos descobrindo aos pouquinhos para que lado fica a tal da felicidade. Se temos boas companhias, ouvi dizer, chegamos mais rápido. Às vezes, o trajeto é escuro e perigoso. Não conseguimos andar na mesma velocidade que os outros e nos perdemos. Faz frio, chove pra caramba, e as pessoas nem percebem que ficamos pra trás. Tudo bem, porque nosso corpo precisa descansar, e uma boa noite de sono coloca quase tudo em seu devido lugar. Quase.

O mundo continua existindo mesmo quando a gente não quer participar. Isso é assustador, não é? Não somos tão importantes ao ponto de parar o trem em movimento. Olhamos ao redor em busca de algum lugar para sentar. Está tão cheio. São todos desconhecidos e não dão a mínima.

"Oi"

E agora não sabemos se devemos dizer ou demonstrar o que sentimos. É mais fácil ficar em silêncio. Nunca admitir nada. No fundo, algo nos diz que nossos segredos podem assustar.

Próxima parada: ele desce, você fica.

Olhando da janela, tudo parece muito legal. Poderíamos descer e passar o resto dos dias em qualquer uma das cidades pelas quais passamos. Mas é mais confortável ficar sentada observando e imaginando, certo? Errado. Uma hora isso cansa.

Última parada: estação futuro.

Precisamos descer imediatamente, mas ainda não sabemos direito onde estamos. É um lugar novo, mas estranhamente familiar. Tudo aqui nos lembra alguém, os cheiros, as músicas, o vento, porém não há mais espaço livre. É como se tivessem preenchido todos os nossos pequenos vazios. Ao nosso redor, todos possuem pequenas cicatrizes. Não precisamos mais esconder aquilo que tanto nos incomodou.

Este é o momento.

Respire fundo e olhe para trás. Repare bem no que vê. Não eram imperfeições. Eram asas. Agora, você não é mais casulo. Você é uma borboleta. Voe!

Leia este livro ouvindo

Tonight Alive - The Other Side

Regina Spektor - The Call

Glen Hansard and Marketa Irglova - Falling Slowly

Roberta Campos e Nando Reis - De Janeiro a Janeiro

A Fine Frenzy - Now Is The Start

Imogen Heap - Hide & Seek

Kate Nash - Birds

Kid Abelha - Nada Sei

Paramore - Last Hope

Coldplay - Don't Panic

Mallu Magalhães - Velha e Louca

Clarice Falcão & Silva - Eu Me Lembro

Skank - Ali

Augustana - Hey Now

Phoenix - Long Distance Call

Taylor Swift - The Last Time

Kings Of Leon - Beautiful War
Missy Higgins - Warm Whispers
Radiohead - Fake Plastic Trees
Sara Bareilles - City
Bright Eyes - Lua
Katy Perry - I'm Still Breathing
Avril Lavigne - Falling Fast
Lily Allen - Why
Kate Miller-Heidke - The Last Day On Earth
Silverchair - Miss You Love
Foo Fighters - Skin And Bones
Titãs - Epitáfio
Sharon Shannon & Steve Earle - Galway Girl

Este livro foi composto com tipografia Electra LT Std e impresso
em papel Off-White 90 g/m² na Gráfica EGB.